문화콘텐츠
그 경쾌한 상상력

문화콘텐츠 그 경쾌한 상상력

2010년 6월 15일 초판 인쇄
2010년 6월 25일 초판 발행

지은이 송원찬 · 신병철 · 안창현 · 이건웅
펴낸이 이찬규
펴낸곳 북코리아
등록번호 제03-01240호
주소 121-801 서울시 마포구 공덕동 115-13번지
전화 (02) 704-7840
팩스 (02) 704-7848
이메일 sunhaksa@korea.com
홈페이지 www.sunhaksa.com
ISBN 978-89-6324-067-1 (93300)

값 12,000원

이 도서의 국립중앙도서관 출판시도서목록(CIP)은
e-CIP 홈페이지(http://www.nl.go.kr/ecip)에서 이용하실 수 있습니다.
(CIP제어번호: CIP2010002135)

문화콘텐츠
그 경쾌한 상상력

Culture Contents & Lively Imagination

송원찬 · 신병철 · 안창현 · 이건웅

북코리아

시작하며

21세기에 접어들어 문화가 주목받고 있다. 문화는 삶의 표현이자, 배설물이자, 삶 그 자체이다. 우리는 다양한 문화를 만들며 접하며 살아간다. 문화는 인류의 역사와 함께 했다. 이처럼 새로울 것 없는 문화가 주목받는 이유는 무엇일까? 그리고 왜 문화 자체가 아니라 문화콘텐츠라는 단어가 등장하여 문화의 위치를 대신하고 있는 것일까? 이 책은 이러한 고민에서 출발한다.

문화가 다시금 주목받는 이유는 고도의 산업화 속에 인류가 살아가는 방식에 대한 반성이다. 문화를 바탕으로 하는 문화콘텐츠도 마찬가지 이유에서 주목받는 것일까? 현실은 그렇게 철학적이지 않다. 오히려 산업 현장에서 문화적 요소가 필요했기에 그 접목과정에서 자연스럽게 등장한 단어이다. 이처럼 문화콘텐츠는 학문적 성격보다도 현장의 실용적 성격이 강력하다.

이러한 이유로 문화콘텐츠는 혼란스럽다. 그 단어가 남용되고 있고, 국가정책의 일부로도 등장하고 있지만 그 범위나 정의에 대해서는 아직도 명확한 기준을 잡지 못하고 있다. 현장이 중심이 되다 보니 이러한 현상이 어쩌면 당연하다고 할 수 있지만, 그래도 규정화 작업과 고민은 학문적 발전에도, 또 그 영역에 뛰고 있는 이들에게 꼭 필요한 과정이다.

이러한 성과를 위해 이 책은 기존의 연구 성과를 검토하면서 이를 보다 명확하게 하고, 또한 새로운 생각을 유기적으로 엇섞기 위해 공동 집필로 진행되었다. 공동 집필은 문화콘텐츠라는 성격에 맞춰 기존의 방식과는 다른 방법으로 일정한 구간을 나누지 않고 처음부터 끝까지 개인 의견을 개진하고 공동논의를 거쳐 확정하는 방식으로 진행하였다. 이는 필자들이 개인이 아닌 다양한 의견의 유기적인 결합이 바로 문화콘텐츠의 기본적인 성격이라고 믿기 때문이다. 그러다 보니 집필 기간은 6개월 작업이 1년을 넘어 2년이 되었다. 그렇게 뜸들이는 과정을 통해 다양한 의견이 하나로 응축되었다고 믿기에 책을 발간한다.

문화콘텐츠의 본질에서 활용까지 제반사항을 검증하려고 노력하였으며, 이를 통해 문화콘텐츠 논의가 개인을 뛰어넘어 보다 통합적이고 체계적으로 이루어지기를 희망한다.

이 책이 나오기까지 크고 작게 도움을 준 한양대학교 문화콘텐츠 원우들과 한국외국어대학교 글로벌문화콘텐츠 원우들, 이 글을 수정하고 오류를 지적해 준 박수진 박사와 한양대학교 박상천 선생님, 한국외국어대학교 이영구 선생님께 깊이 감사드리며, 이 책을 출간해 주신 북코리아 이찬규 사장님께도 감사의 말씀을 전한다.

저자 일동

차 례

문화콘텐츠와 문화원형

1장 문화콘텐츠와 문화원형

문화콘텐츠란?

문화콘텐츠는 무엇일까? 이러한 학술적 정의(定義, definition)는 언제나 어렵고 민감한 문제이다. 정의는 단순히 몇 마디 문장의 문제가 아니라 철학적·시대적 가치관과 누적된 지식의 총체이다. 그럼에도 불구하고 최종적으로 명명하는 주체는 결국 개인이나 소규모 집단일 수밖에 없다. 이때 개인 혹은 소규모 집단의 희망이나 선호도에 따라 정의는 일정부분 변화될 수밖에 없어진다. 따라서 이러한 정의는 언제나 철학적 한계, 시대적 한계, 지식적 한계, 개인적 한계에 직면하게 된다.

　정의는 시대적 규약일 뿐이다. 어떤 개념을 일정한 집단, 시대, 철학의 범위 내에서 약속하는 것으로 그것 자체는 참이나 거짓으로 판단할 성질이 아니다. 어느 것이 맞다 틀리다고 하기보다는 서로 다른 주장 속에 어느 것이 좀 더 적합한가 아닌가의 문제일 뿐이다. 때문에 사회구조가 다양하고 복잡해질수록 변화의 정도가 크고, 속도가 빨라질수록 이러한 정의를 벗어난 사례가

빈번하게 등장하게 된다. 그러므로 명확
한 정의는 갈수록 어려워지며 새로운 정
의를 요구하기도 한다. 이러한 한계점을
직시하면서 문화콘텐츠에 대해 이야기
해 보겠다.

　현재 문화콘텐츠에 대한 정의는 마치
장님 코끼리 만지기와 같이 혼란스럽다. 일부 학계의 학자는 자신의 전문
분야를 디지털 데이터화하는 것을 문화콘텐츠라고 하고, 일부 현장의 기술자
는 자신의 기술로 구체적인 상품을 만드는 것을 문화콘텐츠라고 한다. 또
일부 경영자는 오로지 대중에게 수익을 올릴 수 있는 문화를 문화콘텐츠라고
하며, 정부 관계자는 시류에 따라 이러한 관점 중에서 아전인수를 한다. 문화
콘텐츠는 기존의 학문 영역으로 보면 마치 블랙홀과 같다. 모든 영역의 모든
분야가 포함되는 것 같기 때문이다.

　문화콘텐츠에 대한 정의는 매우 다양하다. 학자별·지역별로 매우 다양한
정의가 시도되고 있다. 문화콘텐츠라는 단어는 문화(文化, culture; civilization;
cultivation)와 콘텐츠(contents)의 합성어이다. 문화에 대한 정의는 고대부터 현
재까지 진행되고 있다. 그러나 그러한 학술적 의미변화는 전문가의 영역에
맡겨 두고, 일반인이 느끼는 문화 전반이라고 생각해도 별다른 문제가 없다.
문화콘텐츠를 둘러싼 정의의 핵심은 문화가 아닌 'contents'라는 단어에 있기
때문이다. 'contents'는 'content'의 복수형으로 사전적인 의미는 다양하게
쓰인다.

　비록 의미는 다양하지만, '내용'이라는 공통된 함의로 쓰이고 있음을 알
수 있다. 또한 'content'라는 단어는 명사가 아닌 파생적 의미로 '~에게 만족
을 주다, 만족시키다'라는 뜻이 부가되는데, 이러한 의미도 나름대로 영향을

con·tent

1. (보통 pl.) (그릇·상자 등의) 내용물, 안에 든 것
2. (보통 pl.) (서적·문서 등의) 내용, 기사; 목차, 항목
3. (작품·논문 등의) 취지, 요지, 진의; (형식에 대하여) 내용; [철학] 개념의 내용; (의식·경험의) 내용; [심리] 반응 내용; [논리] 내포 개념을 규정하는 속성 개념
4. 함유량, 산출량
5. (어떤 용기의) 용량; [기하] 용적, 면적
6. [언어] (의미) 내용
7. [컴퓨터] (pl.) (인터넷 상의) 정보, 콘텐츠; (PC통신으로 제공되는) 데이터, 소프트웨어

자료 : 동아프라임영한사전

준다고 봐야 할 것이다. 결국 문화콘텐츠란 '문화적 내용'인 것이다. 중국에서도 이러한 특성을 기본으로 하여 문화콘텐츠를 '文化內容'(문화내용)이라고 하고 있다. 문제의 시작은 이러한 '문화적 내용'의 파생에서 생겨난다. 파생은 확장을 의미하기도 한다. 특히 'contents'라는 단어가 컴퓨터와 관련된 IT용어로 친숙하게 쓰이고 있고, 또한 현재 문화콘텐츠가 IT를 통한 문화산업 분야에서 자주 거론되고 있다. 그렇기 때문에 문화콘텐츠라는 단어를 사용하면 알게 모르게 컴퓨터로 대표되는 IT와의 연관성을 떠올리게 된다. 하지만 엄밀하게 말해서 IT는 문화콘텐츠의 소통의 한 통로일 뿐이다.

'문화적 내용', 즉 문화콘텐츠란 문화 그 자체는 아니며, 문화적 내용을 활용한다는 의미이다. 또한 문화가 아닌 무언가에 문화라는 색채를 입힌다는 의미도 포함된다. 여기서 문화 그 자체를 '문화원형'이라는 표현으로 대체해 보자. 사실 '문화원형'은 문화 중에 원형인 뿌리를 의미한다. 하지만 여기서는 '문화적 내용'을 담고자 했을 때 그 문화콘텐츠에 사용하는 원형, 즉 창작의 소스가 되는 문화를 의미한다.

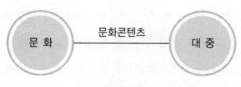

문화콘텐츠의 영역 1

비록 이렇게 문화와 문화콘텐츠를 정의하여 구분하였지만, 어느 경우에는 양자가 일치되기도 한다. 마치 요리의 출발은 재료이지만, 어떤 경우는 재료 자체만으로도 훌륭한 요리가 되는 경우와 마찬가지라 할 수 있다. 그러나 대부분의 요리는 '조리'의 과정을 거쳐 '요리'로 탄생하듯이 문화도 이러한 조리의 과정을 거쳐서 대중이나 대상자에게 전달되는데, 요리의 완성과 탄생하는 과정이 문화콘텐츠인 것이다. 완성된 요리가 손님에게 서비스되어 경제적 이익을 남기는 경우가 '문화산업'이며, 집에서 먹는 요리처럼 경제적 이익을 따지지 않고 제공되는 문화활동은 '순수문화'나 '공공문화'라고 볼 수 있다. 여기서 유의할 부분은 요리가 완성된다고 작업의 끝이 아니라는 점이다. 종종 많은 인문학자들의 인식은 여기에 머물러 있기도 하지만 여기서 끝난다면 문화콘텐츠가 이렇게 사회적 관심을 받을 수 없었을 것이다.

주방장의 입장에서는 요리를 완성하면 끝이겠지만, 경영자의 입장에서는 그 요리가 판매되었을 때 가치가 생겨나며, 대중은 맛을 봐야 비로소 가치를 느낀다. 아무리 훌륭하고 맛있는 음식도 팔리지 않으면 무용지물이며, 손님이 맛보지 못한다면 아무 쓸모가 없다. 이것이 문화콘텐츠와 문화의 가장 극명한 차이이다. 장인은 예술품을 만들 수는 있어도 제대로 팔 수는 없고, 심지어 판매에 관심조차 없을 수도 있다. 그림이 고액에 거래되어도 화가는 가난에 찌들어 죽었다는 이야기가 예술인의 긍지이지만, 문화콘텐츠는 다르다.

요리가 팔려야만 하는 것처럼 문화콘텐츠는 대중에게 전달되어야만 한다.

때문에 주방장의 손을 떠난 요리는 친절한 서비스와 알맞은 실내 인테리어가 갖춰진 공간에서 고객에게 전달된다. 분명 음식점의 본질은 요리이다. 맛없는 집은 아무리 서비스가 좋고 인테리어가 좋아도 소용이 없다. 하지만 그렇다고 요리에만 매달려서는 한계가 분명하다. 음식점은 맛있으면 그만이라고 생각할 수도 있으나 요리를 제대로 즐기려면 요리에 맞는 접시, 테이블, 분위기, 위생, 서비스 등이 필요하다. 이렇듯 좀 더 높은 가치를 인정받기 위해서는 본질인 음식 이외의 다른 부분도 꼼꼼히 신경 써야 한다. 고급음식점이라면 요리뿐만 아니라 이러한 부가 서비스조차도 본질이다. 여기에 요리와는 전혀 상관없는 교통, 위치 등의 외형적 요소도 본질로 추가될 수 있다. 문화콘텐츠도 이와 마찬가지다. '순수문화'나 '공공문화'를 제외한 많은 문화콘텐츠는 완성 자체도 물론 의미 있는 일이겠지만, 진정한 가치는 대중과의 만남, 즉 산업화로 완성된다. 창조자의 예술은 대중에게 전달되는 순간 완성되는 것이다.

문화콘텐츠는 요리와 마찬가지로 상당히 여러 단계가 있을 수 있으며, 그 단계는 규모와 분야의 특성에 따라 크게 달라진다. 구멍가게 수준의 동네 음식점이라면 주방장에서 서빙과 경영까지 혼자 해낼 수 있다. 하지만 규모가 커지면 커질수록 보다 다양한 전문 영역이 생겨나게 된다. 문화콘텐츠도 마찬가지로 아마추어 UCC처럼 원맨쇼를 할 수도 있다. 그러나 전문적 작품은 집단의 협력 작업이 기본이 된다. 특히 산업화를 목적으로 하는 경우 동원되는 인원이나 자원이 대폭 증가하며, 보다 세밀한 단계와 분야가 생겨날 수밖에 없다. 이때에 문화콘텐츠의 모든 과정을 관여하는 것은 바로 고급 레스토랑 매니저의 입장이 되며, 대부분 재료를 발굴하거나 '수확'하는 역할은 전문학자의 몫이 된다. 이러한 재료를 요리에 직접 쓸 수 있도록 '재료를 손질하는 역할'은 시나리오 작가나 스토리텔링을 맡은 전문가가 한다. 주방장의 역할은 스토리텔링을 전달매개체로 옮기는 과정으로 영화감독이나 PD가 하며, 서빙은 대중과 직접 접촉하는 부분으로 배우나 캐릭터가 맡게 된다. 이와 같은 다양한 영역이 하나로 뭉쳐 작업을 해야 하는 '통합적 분야'가 바로 문화콘텐츠인 것이다.

문화콘텐츠는 학문으로서도 그 성격이 전통적인 학문과 많은 차이점이 있다. 전통적인 학문의 형태는 개인이나

> **통섭(統攝, consilience)**
> '지식의 통합'이라고 부르기도 하며 자연과학과 인문학을 연결하고자 하는 통합 학문 이론으로 1998년 에드워드 윌슨의 『통섭: 지식의 대통합』을 통해 널리 알려지기 시작했다. 윌슨은 과학, 인문학과 예술이 사실은 하나의 공통된 목적을 가지고 있다고 말한다. 국내에도 번역되어 있다(최재천·장대익 옮김, 사이언스북스).

소규모 그룹이 한 분야에 집중하여 자료 조사, 수집, 정리 및 연구를 진행하는 경우가 많았다. 그러나 문화콘텐츠는 개인보다는 소규모 그룹이나 거대 집단이 다양한 분야를 통괄하여 협력체계로 구성되는 경우가 일반적이라는 특성을 지닌다. 물론 기존의 학문에서도 '통섭'이란 화두처럼 자연과학과 인문학 및 예술을 하나로 묶어 보려는 노력이 있지만, 문화콘텐츠와는 근본적이며 구조적인 차이가 있다.

문화콘텐츠는 그 본질적인 이유로 협력체제가 필연적이다. 이는 문화원형과 전달매개체, 그리고 대상(대중)의 만남이 이루어져야 문화콘텐츠가 존재할 수 있기 때문이다. 그리고 전달매개체와 대상의 종류에 따라 사회 각 분야와

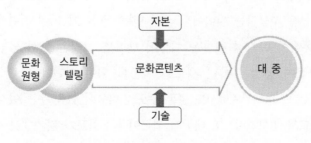

문화콘텐츠의 구조

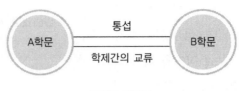

통섭의 개념도

의 협력은 필연적일 수밖에 없다. 상황에 따라 인문, 과학, 경제 등 사회 모든 분야가 주체가 될 수 있고, 협력 대상이 될 수 있다.

문화콘텐츠가 다양한 분야의 협력으로 이루어지지만 통섭으로 대표되는 학제간의 교류와는 다른 측면이 있음에 유의할 필요가 있다. 통섭은 연대적 개념으로 대등한 둘 이상의 학문이 서로 협력하는 체제이다. 여기서 대등하다는 것이 문제의 핵심이 되며, 그런 대등함은 자칫 주도권 싸움으로 이어질 개연성을 내포하고 있다고 할 수 있다. 이처럼 주도권이 중요한 것은 그 본래의 의도와는 상관없이 학문의 우열을 나누거나 그런 오해를 받을 수 있으며, 이것은 결국 분야의 영역 싸움으로 이어질 개연성마저 가지고 있는 것이다. 이러한 오해를 해결할 마땅한 대안이 없는 상황에서 통섭은 그 거대한 이상에도 불구하고 더 이상의 진척을 보이기 어려울 수밖에 없다. 결국 이러한 한계를 극복하지 못한다면 단순한 물리적 결합은 가능해도 진정한 화학적 결합은 어려워지는 현상이 나타날 수밖에 없다. 그런데 통섭은 물리적 결합이 아닌 화학적 결합을 추구하는 것이어서 풀기 힘든 실타래가 되어 버린다. 어렵겠지만 만약 통섭이 화학적 결합을 이루어 낸다면 그것은 통섭을 넘어 새로운 분야를 만들어 통섭이 아닌 새로운 학문이 되어 버린다.

문화콘텐츠의 협력관계에서도 물론 주도권 다툼이 있을 수는 있지만 그 선후 관계가 비교적 명확하다. 또 대중적 접근이라는 목표가 같기 때문에 협력관계는 상대적으로 원활한 편이다. 경제적 이익이라는 목표 속에 자본이라는 힘이 작용하는 계약관계라는 현실적 압력이 작용하기 때문에 적극적일 수밖에 없다. 이러한 구조에서 구체적인 이익이 보이지 않는다면 당위성에서 출발하는 통섭과는 큰 차이가 날 수밖에 없다.

이로 인해 협력의 적극성이 뛰어날 수밖에 없다. 이와 같은 구조는 구체적 이익이 보이지 않는 상태에서 당위성을 얻는 통섭과는 큰 차이가 날 수밖에 없는 것이다. 결과적으로 문화콘텐츠의 협력은 계속 새로운 문화콘텐츠를 만들어낸다. 예를 들어 영화 〈미녀는 괴로워〉는 오페라로 확장되었으며, 영화와 오페라

> **원 소스 멀티 유즈**
> **(one sourse multi use)**
>
> 흔히 약자로 OSMU라고 한다. 하나의 소재를 다른 장르에 적용하여 파급효과를 노리는 전략이다. 문화산업의 디지털화가 급진전 되면서 각 문화상품의 장르 간 장벽이 허물어지고 매체 간 이동이 용이해짐에 따라 하나의 소재(one source)로 다양한 상품(multi use)을 개발, 배급할 경우에 시장에서의 시너지 효과가 크다는 판단에 따른 것이다. 창구효과가 큰 문화산업의 특성에 맞추어 기획 단계부터 영화, 게임, 애니메이션, 캐릭터 등을 망라하는 문화콘텐츠를 개발하여 효과의 극대화를 꾀하는 추세이다. 특히 대중에게 인기 소재만 있으면 추가 비용을 최소화하면서 다른 상품으로 전환해 높은 부가가치를 얻을 수 있다는 점에서 각광받고 있다. 또한 관련 상품과 매체를 체계적으로 관리할 수 있어 저렴한 마케팅 및 홍보비용을 누릴 수 있다는 장점이 있다.

이 둘은 갈등의 관계가 아니라 상생의 관계가 된다.

이러한 통섭과 문화콘텐츠의 차이는 새로운 단어인 융합을 이끌어 낸다. 융합(融合, convergence)은 일반적으로 방송과 통신의 통합을 이야기하는데, 이를 넘어 망(network)의 융합, 서비스의 융합, 기업의 융합 등으로 연결된다. 예전의 영역 구분이 디지털 시대에는 상당히 약화되었음을 보여 준다. 사회의 다원화로 불특정 다수가 아닌 마니아로 대표되는 특정인을 대상으로 하는 서비스가 늘어나는 추세에서 융합은 자연스러운 현상이며, 자원의 공유와 소비자의 공유로 효율성을 높일 수 있다. 또한 원 소스 멀티 유즈(one source multi use)와 같이 하나의 콘텐츠를 다양한 분야에서 재창작하여 활용하는 경우

통섭과 융합의 차이

가 늘어나면서 융합은 더욱 탄력을 받고 있다. 결론적으로 통섭이 학제 사이의 산술적 결합이라면, 융합은 영역 사이의 화학적 결합이다.

현재 문화콘텐츠가 각광 받는 가장 중요한 이유는 '경제적 가치' 때문이다. 속된말로 돈이 되는 것이다. 이러한 '경제적 가치'가 부각되지 않았다면 문화콘텐츠도 지금과 같은 주목을 받기는 힘들었을 것이다. 그런데 이러한 문화와 경제의 만남은 전통적인 산업의 입장에서는 이율배반적이기도 하다. '시간을 아껴 열심히 일해야 한다'는 근대적 사고관념과 여유를 즐기는 문화적 향유는 서로 화합될 수 없는 입장처럼 보이기 때문이다. 하지만 우리는 인간의 산업적 생산성에서 가장 중요한 요소가 '투여한 시간'이 아닌 '마음의 자세', 즉 관심, 집중도에 있다는 점을 발견하였고, 여가시간의 활용이 단순한 시간의 낭비가 아닌 더 높은 생산성을 이끌어 낸다는 사실을 인지하게 되었다. 또한 신기술과 신개념 같은 창의적 영역에서는 문화적 활동에서 얻는 아이디어가 사무실 근무시간보다 더 중요하다는 사실도 인지하기 시작하면서 선진 국가와 선진 기업을 중심으로 문화를 향유할 수 있는 작업여건과 직장을 만들려고 노력하고 있다.

또한 산업 분야에서 문화적 관념의 도입은 생산 라인뿐만 아니라 기업의 생명줄인 제품의 판매와도 직결된다는 점이 발견되었다. '값싸고 좋은 물건'이라는 근대산업의 신화가 처참하게 깨져 나가고 있는 것이다. 이는 기술 보급의 일반화로 인한 품질의 보편화와 맞물리는 현상이다. 결국 제품을 구매하는 소비자는 '절대적 이성'보다도 '개인적 감성'의 영향을 더 받는다는 '이성을 바탕으로 한 근대적 사고관념'을 뒤집는 소비 형태에 대한 연구의 결과가 등장하면서 제품의 이미지에 신경 쓰게 된다.

이미 시대는 '신발'이 아닌 '나이키'를 산다. 롤프 옌센(Rolf Jensen)이 "상품을 파는 것이 아니라 상품에 담긴 이야기를 판다."고 말한 것처럼 같은 품질의 제품도 유명 캐릭터가 쓰이면 제품 자체의 격이 달라진다. 명품으로 등단한 수많은 제품들은 품질이라는 제품의 기본적 기능 이외에 무언가 특별함을 던져 주는데, 그것은 유형이 아닌 무형의 그 무엇이다. 이것이 바로 문화적 힘으로, 같은 성능의 제품에서 가격이 다르다면 그 변동의 폭이 바로 문화적 정신적 향유의 경제적 가치지표인 것이다. 심지어 '나이키'라는 회사는 더 높은 단계를 만들어 내기 위해 '나이키'라는 상표를 감추고 '에어조단'이라는 새로운 제품을 내놓기도 했다. 명품을 향한 노력은 끝이 없는 것이다. 이는 결코 전근대적으로 열심히 일만 해서 얻을 수 있는 가치가 아니다. 지금은 이미 고객에게 꿈과 감성을 파는 문화상품이 필요한 감성사회의 가치창출이 필요

롤프 옌센
(Rolf Jensen)

소설가, 미래학자. 1942년 2월 21일생으로 세계에서 가장 큰 미래문제 연구 집단인 코펜하겐 미래학 연구소 소장을 역임했고, 전 세계 100여 개 이상의 기업과 정부기관의 전략 부문 컨설팅을 수행해 왔다. 지금도 미래와 전략에 관한 수많은 보고서들을 발표하고 있다. 워싱턴에 있는 세계미래사회의 회원이기도 하다.
주요 저서로 『Time Travellers Tale』, 『Heartstorm』, 『The Dream Society』가 있다.

한 시대인 것이다.

문화콘텐츠와 산업과의 관계는 두 가지 형태로 나뉘게 된다. 하나는 문화가 직접적인 경제활동으로 이어지는 것이고, 다른 하나는 간접적인 형태로 상품 이미지나 기업 이미지에 활용되는 경우이다. 이와 같은 문화콘텐츠의 직간접적인 활용은 그 성격에서도 차이가 날 수밖에 없다. 직접적인 경제활동은 고위험 고수익의 형태가 되는 반면, 간접적인 경제활동은 상대적으로 안정적인 형태이다. 간접적인 경제활동은 또 두 가지로 나뉜다. 하나는 성공한 문화콘텐츠를 이용하는 방법이고, 다른 하나는 새로운 문화콘텐츠를 창작하는 방법이다. 직접적인 경제활동이 고수익인 이유는 문화콘텐츠가 자체적인 이익 외에도 간접적인 경제활동으로까지 연결되어 부가적인 이익을 연속적으로 창출할 수 있기 때문이다.

비록 '순수문화'나 '공공문화'에 속하는 교육콘텐츠와 같이 문화콘텐츠는 성격이나 활용에 따라 소수의 영역에서 산업과 거리가 있기도 하다. 하지만 결론적으로 문화콘텐츠는 문화와 산업이라는 두 가지 성격을 모두 지닌다. 중심점은 학술적으로는 문화적 성향에, 경제적으로는 산업에 있다. 하지만 이러한 중심 방점을 찍는 것은 시대적 흐름과 밀접하게 맞물릴 수밖에 없는데, 현재의 시대적 흐름에서 문화콘텐츠의 방점, 즉 중심은 문화보다는 경제에 있다고 봐야 할 것이다. 때문에 정부나 기업에서는 경제적 측면에서의 문화콘텐츠에 관심과 지원을 집중하여 가시적 성과를 이끌어 내려 하고 있다. 하지만 문화콘텐츠가 대중에게 각광받는 힘의 원천은 문화 자체임을 잊지 말아야 한다. 문화콘텐츠가 단순하게 가시적 성과주의와 상업적 이익에만 집착하여 근시안적인 접근을 반복한다면 그 뿌리를 말려버리는 기형적인 형태로 변화할 수 있는 위험성이 있다. 순수예술과 같은 '돈 안되는 문화'에 대해 꾸준한 관심과 지원이 있어야만 문화콘텐츠와 같은 '돈이 되는 문화'도 지속적으로

문화콘텐츠의 영역 2

성장할 것이다.

문화원형에서 대중과 산업까지 이어지는 문화콘텐츠의 영역은 광범위하다. 이러한 광범위함은 필연적으로 다양한 전문가들의 참여가 요구되며, 다양한 형태의 협력관계가 형성된다. 문화콘텐츠의 이러한 성격은 학술적으로나 산업적으로도 전통적인 관념과는 일정한 차이를 나타낸다. 비슷한 분야의 전문가가 모여 이끌던 20세기의 학문과 산업과는 근본적인 차이가 난다. 사회의 전 분야가 문화콘텐츠와 관련이 있거나 있을 수 있다는 사실은 매우 다양하며 다채로운 작업이 가능하다는 말이다.

이러한 광범위함은 문화콘텐츠의 힘이기도 하지만 해결하기 힘든 근본적인 문제점이기도 하다. 문화콘텐츠의 영역이 지나치게 광범위하다보니 문화콘텐츠 전문가라 하더라도 모든 단계를 장악하거나 파악하기 힘들 수밖에 없다. 때로는 문화콘텐츠 전문가도 특정 분야에 대해서는 문외한에 가까울 수 있다. 이러한 특성은 문화콘텐츠가 과연 독립적인 학문으로 성립이 가능한가 하는 심각하고도 근원적인 의문마저 던져 준다. 문화콘텐츠는 문화에서 대중까지, 혹은 문화에서 산업까지 이어지는 전 분야를 대상으로 하고 있기 때문에 과연 문화콘텐츠만의 고유한 영역이 존재하는가 하는 의문을 던져 준다.

이러한 의문에 대한 해답은 문화콘텐츠의 고유한 성격에서 찾을 수밖에 없다. 문화콘텐츠는 광범위한 영역의 협력 작업으로 현실화된다. 결국 협력을 전제한 연구와 실행이 기본이 되어야만 한다. 이 점은 매우 중요하다. 문화콘

문화콘텐츠, 대중, 산업의 관계

텐츠라는 고유한 영역은 학제간의 간극을 뛰어넘어 산업 간의 고유 영역을 뛰어넘을 수 있을 때 생존할 수 있다. 결국 문화콘텐츠는 현실적으로 모든 단계의 협조를 매끄럽게 한다. 또 학제와 학제 사이, 산업과 산업 사이, 학제와 산업 사이의 관계를 원활하게 유지할 수 있도록 보이는 벽과 보이지 않는 장애물을 뛰어 넘을 수 있게 하거나 없애 주는 작업을 한다. 이러한 다양한 요소들이 단순한 산술적 결합을 뛰어넘어 화학적 결합을 이끌어 내야 하는 것이 문화콘텐츠이다. 즉, 과정을 학술적으로 이론화하고, 뒷받침될 수 있는 사상적(철학적) 배경과 논리적 토대를 만들어 내는 것이 곧 문화콘텐츠 학문인 것이다.

　문화콘텐츠는 태생적으로 매우 실용적인 학문이다. 실용적이란 의미는 현장을 중시한다는 말이기도 하다. 학문적으로 이러한 실용성은 '빠른 현장검증'과 '이론을 앞선 현상'이라는 두 가지 측면으로 나타난다. 문화콘텐츠 이론은 곧바로 현장에서 사용될 수밖에 없기에 '빠른 현장검증'이 일어나며, 또 현장의 작업 과정에서 새로운 이론이 생성되는 경우가 많기 때문에 '이론을 앞선 현상'을 볼 수 있다. 문화콘텐츠의 성격은 기존의 인문학에서 문화를 연구하던 환경과는 큰 차이를 보이며, 접근 자세 또한 차이를 보인다. 특히 디지털 신기술의 등장은 이러한 흐름을 더욱 빠르게 만들었다.

　문화콘텐츠는 상황에 따라서 사회 전 분야와 긴밀한 협조가 이루어져야 하기 때문에 열린 자세가 무엇보다 중요하다. 다양한 객체와의 협력은 생각도 못한 어려움을 던져 주기도 하며, 새롭게 대두되는 문제점에 대한 해결책을 요구하기도 한다. 급격하게 변화하는 다양한 요구를 열린 자세로 받아들이고 해결책을 찾아내는 것이 문화콘텐츠이다. 이러한 과정은 끊임없이 문화콘텐츠의 고유한 영역에 대한 재검토 작업과 새로운 영역과 단계에 대한 정의를 해 나가야 하는 어려움이 존재함을 나타낸다.

문화원형과 스토리텔링

문화콘텐츠는 '무형'의 무언가를 대중에게 판매한다. 소비자의 정신과 정서에 접근하여 그들에게 추상적인 환상을 판다. 환상은 소비자의 꿈을 이루어 주고, 자기만족을 던져 준다. 우리는 이러한 무형을 보통 문화라고 부른다. 문화를 향유하는 대가로 문화산업은 성장한다. 그런데 문화를 직접적으로 대중에게 전달한다고 해서 모든 것이 해결되는 것은 아니다. 대중이 받아들일 수 있게 가공되어야 하는데, 이러한 작업이 바로 문화콘텐츠이다. 여기서 우리는 자연스럽게 문화를 원형과 활용으로 나누어서 고민하게 된다. 문화원형이 학술적이라면, 문화 활용은 문화산업이다. 이 모든 과정을 다루는 것이 문화콘텐츠이다. 그런데 우리는 이를 포괄적으로 바라보지 못하고, 한쪽에 휩쓸려 바라보는 경우가 종종 있다. 그것은 정부조차 마찬가지다.

'한(韓)스타일'을 글로벌 브랜드로 한국의 대표 브랜드인 한글, 한식, 한복, 한옥, 한지, 한국 음악이 '한스타일'로 묶여 글로벌 브랜드로 집중 육성된다. 정부는 국가 브랜드 가치를 높이기 위해 6대 브랜드 집중 육성 방안인 '한스타일

육성 종합계획'을 발표하고 오는 2011년까지 모두 2,700억 원의 예산을 투입한
다고 15일 밝혔다.

— 이상덕, 『매일경제』, 2007. 2. 15

이러한 문화원형을 만들려는 노력은 중요하다. 그러나 이러한 노력만으로
모든 것이 해결되는 것은 아니다. 우리는 한국을 대표하는 '문화 브랜드' 작업
을 하고 있으나 대중에게 문화원형은 원형 자체가 아니라 '활용'으로 기억된
다. 누가 뭐래도 김치는 우리의 것이다. 문화콘텐츠에서 김치라는 고유브랜드
도 중요하지만 핵심은 김치에 있지 않다. 마치 김치가 〈대장금〉을 통해 더욱
알려진 것과 같이 어떠한 '가공'을 거쳐 현대화 · 대중화되어야 한다.

여기서 우리는 문화원형에 대해 알아볼 필요가 있는데, 문화원형은 "문화에
과연 원형은 존재하는가?", "문화원형이란 무엇인가?"라는 두 가지 의문에서
출발한다. 문화원형(The cultural archetype, Archetype of culture)은 정형화나 상징
화를 거쳐 어떠한 이야깃거리에 창작 혹은 재창작 소스를 제공하는 것이다.
원형(Archetype)은 그리스어로 '최초의 유형'(archetypos)이라는 뜻에서 유래했
다. 이러한 원형의 개념은 보통 문학에서 사용되던 것이다. 원형은 문학과
사상 전반에 보편적인 개념이나 상황으로 여겨질 만큼 자주 되풀이하여 나타
나는 근본적인 상징 · 성격 · 유형을 가리키는 문학평론 용어로, '집단 무의식'
이론을 체계화한 심리학자 칼 융(Carl Jung)의 분석심리학에서 이 용어를 차용
했다. 논리 이전의 사고에 기원을 둔 원초적인 심상(心象)의 유형과 상황은
독자와 저자에게 놀랄 만큼 비슷한 감정을 불러일으킨다고 하여 주목받고
있다.

문화에서도 이러한 원형이 있다고 사고하는 것이 문화원형이다. 문화원형
은 결국 일종의 상징이자 정형화 작업이다. 상징화 · 정형화를 통하여 대중에

게 보편적인 감정으로 받아들이도록 하는 작업이다. 하지만 정형화나 상징성이 꼭 '원형'에 일치하는 것은 아니다. 상징과 정형성의 첨가로 인해 원형은 더욱 상징성이 강해지며, 활용이 풍부해진다.

예를 들어 지금 우리가 알고 있는 산타클로스는 빨간색 옷을 입는다. 파란색, 흰색 산타클로스는 어색해도 너무 어색하다. 하지만 원래 산타클로스와 빨간색 옷은 관련이 없었다. 빨간색은 원형과는 전혀 상관없이 단지 코카콜라의 광고에 의해 형성된 이미지일 뿐이다. 1931년에 코카콜라의 겨울철 콜라 판매량이 급격히 감소하자 이를 막기 위해 홍보 전략으로 기업 이미지의 색인 붉은색을 산타클로스에게 입혀 백화점 홍보에 나선 것에서 유래하였다. 단순한 기업홍보가 사회적 상징이 되어서 나중에는 경쟁사였던 펩시콜라까지 사용해야 하는 보편적인 원형이 되었지만, 산타클로스는 원래 정해진 옷 색깔이 없었다.

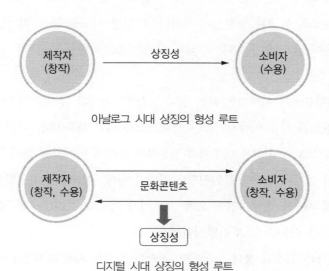

아날로그 시대 상징의 형성 루트

디지털 시대 상징의 형성 루트

이러한 예에서 알 수 있듯, 그것이 어떠한 것이든 상징화와 정형화를 통해 원형이 되면 강한 영향력을 가지게 된다. 그런데 여기서 유의해야 할 점은 이러한 상징화나 정형화는 일부 전문가에 의해 이루어지는 것이 아니라 소비자인 대중에 의해 이루어진다는 것이다. 대중에 의해 공인된 상징이어야 대중에게 하나의 코드로 작용하며, 그 영향력을 발휘한다. 아날로그 시대에는 출판매체와 공중파 등 소수의 권력이 언론과 정보를 장악했었지만 인터넷의 등장으로 대중적 상징이 생겨나는 루트가 다양해졌다. 또한 사회 전반을 아우르는 공통성보다 폐인이나 마니아로 대표되는 다양한 일부 집단만의 상징이 생겨나고 있다.

우리나라 문화를 해외로 알리는 데 가장 부족한 부분이 정형화와 상징화된 문화원형이다. 그런데 이런 원형의 상징화와 정형화는 대중과의 소통에서 창조된다. 대중에게 각인되어야만 다른 파생상품에서도 사용할 수 있는 보편적인 원형이 되기 때문이다. 우리도 귀신은 많으나 중국의 강시나 서양의 좀비처럼 나름대로의 특징과 상징성이 약하다. 다양한 시도를 통해 이러한 원형을 많이 만들어 갈 필요가 있다. 그러기 위해선 스토리텔링을 주목해 볼 필요가 있다.

문화원형을 대중에게 전달하는 것이 문화콘텐츠이다. 문화콘텐츠에서 문화원형이 필요한 것은 이야깃거리인 창작소스가 되기 때문이다. 어떠한 상징이나 정형화로 보다 손쉽게 대중에게 접근하여 자신의 이야기를 들려줄 수 있다는 장점이 있기에 다양한 문화원형에 목말라 한다. 이러한 문화원형을 대중에게 전달할 때, 그 전체적인 구조를 스토리가 아닌 스토리텔링에 담아 낸다. 왜 스토리가 아니고 스토리텔링일까?

문화원형은 일종의 창작 소재이며, 이러한 창작을 재편집(재창조)해서 전달하는 것이 스토리텔링이다. 스토리와 스토리텔링은 창작과 재창작으로 규정

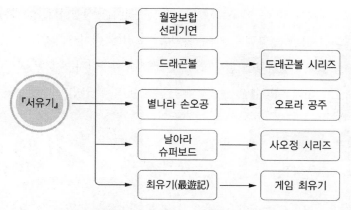

『서유기』를 통해 본 문화원형의 다양한 활용과 확장

할 수 있다. 때문에 서로 비슷한 요소를 함께 가지고 있지만, 기존의 스토리에서는 창조자의 의지가 중요했다면 스토리텔링에서 대중의 반응을 염두에 두어야 한다. 외국어를 대중에게 번역해 소개하는 것처럼 스토리텔링은 어려운 스토리를 다양한 방법으로 대중에게 소개하는 모든 과정이다.

스토리이든, 스토리텔링이든 가장 중요한 것은 대중에게 메시지(재미)를 전달하는 것이다. 그런데 문자 중심의 표현에 익숙한 기존의 스토리는 담아내기 힘든 부분인 그림, 이미지 등이 중요해진 측면도 있으며, 또한 기승전결로 치밀하게 꽉 짜인 구조가 아니더라도 대중에게 충분히 어떠한 메시지를 전달할 수 있다는 것을 발견했기 때문이기도 하다. 기존의 스토리가 닫힌 구조라면 스토리텔링은 열린 구조를 가지고 있다. 따라서 콘티를 짤 때 문자를 사용하지 않아도 되는 것처럼 무엇을 이야기할 것인가보다는 어떻게 전달할 것인가에 방점을 찍고 있는 것이다. 스토리텔링은 현장에서 그 필요성에 의해 생겨났기에 무엇보다도 실용성으로 대표된다. 제작과 대중과의 만남에 필요한 부분만 담고 있다면 그것이 어떠한 구조든 어떠한 형태든 상관이 없다.

만화, 게임, 캐릭터, 애니메이션 등 다양한 서유기 관련 상품들

콘서트나 전시회를 하는 데 있어 기존의 스토리처럼 심오한 창작이 필요한 것은 아니다. 그럼에도 불구하고 이러한 행사도 무언가 흐름과 주체, 즉 서사

문화원형 – 스토리텔링 – 문화콘텐츠

가 있어야 대중의 관심을 이끌어 내기 쉽다. 이러한 요구로 자연스럽게 등장하게 된 것이 스토리텔링이며, 그 흐름, 즉 서사를 표현하는 방식을 포괄적으로 스토리텔링이라고 한다.

『도착』

문학에서도 탈 문자화 현상은 발생하고 있다. 글자 하나 없는 그림책인 오스트레일리아 출신 숀 탠(Shaun Tan)의 『도착(The Arrival)』은 훌륭한 문학으로 평가받고 있다. 『도착』은 모든 이민과 망명객과 난민들의 이야기로 2007년 볼로냐 아동도서전에서 라가치 특별상을 수상했다. 이러한 시도는 대중이 문자 중심의 문학에 변화를 요구하고 있다는 사실을 증명하는 것이기도 하다. 대중에게 문화원형을 전달할 수 있는 다양한 요소, 즉 문자, 이미지, 영상 등을 마음껏 활용하는 것이 스토리텔링의 특징이며, 경제적 관점에서 본다면 소비가 문화콘텐츠에서 가장 중요한 요소이기 때문에 스토리텔링이 더욱 주목받고 있는 것이다.

우리나라 문화콘텐츠는 문화원형을 발굴하여 체계화 혹은 디지털화시키면 그것이 전부라고 생각하는 경향마저 있다. 극단적으로 말해 문화콘텐츠의 핵심은 문화의 원형이 아니라 그 활용에 방점이 찍혀 있다. 문화원형을 발굴하고 지키는 작업도 중요하지만 그것은 문화콘텐츠의 기초적인 작업일 뿐이라는 사실을 잊어서는 안 될 것이다. 또한 문화원형은 체계화나 발굴에서 대중에게 인지되는 것이 아니라 대중과의 소통을 통해 상징성, 즉 문화원형으로 생성되는 것이다. 이런 예는 너무도 많다.

누구나 알다시피 피자의 고향은 이탈리아이다. 그러나 우리가 먹는 피자는 '피자헛'이다. 같은 피자 아니냐고 할 수도 있지만 이탈리아 사람이 들으면 화낼 일이다. 우리가 먹는 피자는 엄연히 미국 색채가 농후한 변용된 '미국식 피자'일 뿐이다. 그럼에도 불구하고 우리는 여전히 피자를 먹으러 간다고 한다.

다른 예도 있다. 우리가 산타클로스하면 떠오르는 공간 이미지는 눈 덮인 북유럽이다. 실제로 핀란드 북부의 작은 도시에는 산타클로스의 마을이 있다. 그러나 유래는 엉뚱하게도 오늘날 터키이다. 오늘날의 터키에 해당하는 지역의 주교였던 성 니콜라우스(Saint Nicholas)라는 실존 인물과 관련된 유럽의 설화이다. 그는 남몰래 많은 선행을 했는데 그의 이야기가 노르만족을 통해 유럽으로 전해졌다. 12세기 초 프랑스의 수녀들이 니콜라우스의 축일(12월 6일) 하루 전날인 12월 5일 성 니콜라우스의 선행을 기념해 가난한 아이들에게 선물을 주기 시작했고, 그 풍습이 유럽 전 지역으로 확산되었다. 이후 신대륙으로 이주한 네덜란드 사람들이 그를 네덜란드어인 '신트클라에스'(Sint Xlaes)라고 부르게 되었고, 오늘날의 산타클로스라고 불리게 되었다. 그럼 산타클로스의 문화원형은 무엇일까? 시대적·공간적으로 수많은 변화를 겪었음을 알 수 있고, 지금 우리가 아는 원형은 대중과의 소통에서 만들어졌다는 것을 알 수 있다.

세계적으로 명성을 얻고 있는 '헬로 키티'(Hello Kitty, ハローキティ)는 일본을 대표하는 캐릭터다. 그런데 헬로 키티는 『거울 나라의 앨리스』에서 따온 캐릭터이다. 이러한 사실에 사람들은 별다른 흥미를 느끼지 않으며, 헬로 키티에서 일본적 색채를 강하게 느낀다. 소비자에게 헬로 키티가 『거울 나라의 앨리스』에서 왔다는 사실은 중요하지 않다. 일본 만화 『드래곤볼』은 중국의 고전 『서유기』에서 왔지만 누구도 그 캐릭터를 중국의 문화원형이라고 생각하지

『거울 나라의 앨리스』 　　　　　　　헬로 키티

않는다.

　이처럼 변형을 통해 새로운 문화원형을 만들어 내고, 혹은 만들어낼 수 있다는 것이 문화콘텐츠의 특징이다. 문화콘텐츠는 어떻게 활용할 것인가에 중점이 있고, 그러기 위한 기초적인 작업으로 문화원형이 필요하다. 우리나라는 이러한 기초 토대가 부족하여 문화원형에 대한 관심을 높여야 하고, 문화원형의 발굴에도 힘을 써야 하는 것도 사실이다. 하지만, 문화콘텐츠의 기본 성격에 대한 이해는 명확해야 한다.

　원형에 대한 연구를 활발히 하는 것은 반갑지만 지나치게 강조된다면 자꾸 '원조'를 강조하는 꼴이 되고, 이는 곧 변형을 천시여기는 풍조로 연결될 수도 있다. 원형은 소수의 경우를 제외하고 많은 문화원형은 대중에게서 멀어져 있다. 세월의 경과, 사회의 변화와 같은 다양한 이유로 원형이 어떠한 이유로 대중과 격리되어 있을 때 새로운 색채와 모양으로 재창조하여 일반 대중과 소통하게 만드는 것이 문화콘텐츠이다. 이것이 바로 고전의 현대화이기도 하다.

　문화원형이 중요한 이유는 하나의 사회적 공감대를 형성한 문화원형은 다양한 장르에서 재창작을 해낼 수 있기 때문이다. 만화 『식객』은 영화와 드라마로 재창작되었고, 영화 〈왕의 남자〉는 연극 〈이(爾)〉의 재창작이며, 나중에 뮤지컬로 재창작되었다. 이처럼 하나의 문화원형을 영화, 뮤지컬, 게임, 소설 등 다양한 분야에서 활용할 수 있는데, 이를 '원 소스 멀티 유즈'(one source multi use)라고 한다. 이러한 활용을 가장 잘 하는 나라가 일본인데, 소설−만화−애니메이션(영화) 등이 유기적으로 맞물려 창작, 재창작되고 있다. 전파경로가 예전에는 소설을 기본으로 했으나 지금은 게임이 영화화되는 등 다양해지고 있다. 〈슈퍼 마리오〉, 〈모탈 컴뱃〉, 〈스트리트 파이터〉, 〈툼레이더〉, 〈레지던트 이블〉 등은 게임이 영화화된 작품들이고, 반대로 〈스파이더맨〉, 〈슈렉〉, 〈반헬싱〉, 〈캐리비안의 해적〉, 〈반지의 제왕〉 등은 영화가 게임이 된 작품들이다.

문화콘텐츠에서도 분야의 구분은 매우 다른 특성을 가지고 있다. 그러나 만화, 영화, 공연, 게임 등의 구분은 그 제작과정에 대한 차이를 나타내는 구분일 뿐이다. 기본적인 문화원형은 분야를 뛰어넘어 활용된다. 이러한 유연성이 바로 문화콘텐츠의 기본 특성이며, 왜 열린 자세가 필요한지를 보여

『식객』과 〈왕의 남자〉의 전파

문화콘텐츠, 그 경쾌한 상상력

주고 있다. 문화콘텐츠의 영역과 그 세
부 분야는 시대적 기술적 발전에 따라
끊임없이 확대될 수밖에 없다. 따라서
문화콘텐츠의 분야를 6대 분야, 8대 분
야 등으로 규정하는 것은 이해를 돕기
위한 보조적 해석이다. 끊임없이 확장되
고 변화하는 문화콘텐츠에 대한 접근은
거시적 시각과 미시적 관찰이 동시에 이
루어져야 한다.

원 소스 멀티 유즈의 예로 『데스노트』
(Death Note, デスノート)를 들 수 있다.
이 작품은 오바 츠구미가 글을 쓰고 오
바타 다케시가 그림을 그린 만화이다.
이후 애니메이션, 소설, 영화 등으로 재
창작되었다.

문화원형의 생성과 파생

문화원형이 중요하기에 우리의 문화원형을 발굴하다 보면 '우리 것이 좋은
것이여~'를 외치게 되는 경향이 있다. 그러나 문화원형의 발굴에서도 '우리',
'우리 것'이라는 울타리에 묶이는 우를 범해서는 안 된다. 열린 자세가 필요하
다. 우리의 것에 이질적인 것을 첨가함으로 새로운 상징화와 정형화가 가능한
경우도 많기 때문이다. 〈왕의 남자〉는 우리의 사극이지만 중국 경극을 차용
하여 성공하였다. 우리는 이를 통해 '공길'이라는 상징을 더욱 확고히 할 수
있었다. 〈태왕사신기〉도 우리의 사극이지만 일반적으로 중국의 것이라고 믿
는 수호신을 차용하였다. 우리는 이를 통해 다양한 재미와 또 다른 상징을
얻었다. 이러한 상징을 더욱 발전시키고 우리가 좋아하면 우리의 문화원형이
되는 것이다. 문화가 국가를 넘나드는 것처럼 원형에는 국가라는 단위는 애당
초 존재하지 않는다.

'우리 것이 좋은 것이다'라는 말은 진리일까? 우리는 김치가 좋고, 된장찌개가 좋지만, 이는 상대적일 뿐이다. 마늘 냄새가 싫다고 하는 외국인도 적지 않다. 문화적 측면에서 볼 때, 우리 것이라서 좋은 것이 아니라 익숙해서 좋은 것일 뿐이다. 이러한 오픈 마인드가 필요하다. 배타적이어서는 안 된다. 문화콘텐츠는 태생적으로 끊임없이 흡수해야 영역이 확대되고 생명력이 깊어진다. 할리우드는 끊임없는 수용으로 생명력을 유지했다. 상상력의 고갈이나 소재의 빈곤을 겪을 때마다 외부에 눈길을 돌렸다. 최근에는 동양적 색채를 차용하여 영역을 넓히고 있다.

　우리가 한류라며 들떠 있을 때 수많은 중국 감독과 배우는 할리우드에 뛰어들었다. 이는 할리우드의 노력과 상술이라고 해야겠지만 결국 수많은 대작으로 이어졌다. 낯익은 홍콩 배우 저우룬파(周潤發, 주윤발)는 더 이상 1980년대 〈영웅본색〉의 배우가 아니고, 더 이상 중국만의 스타가 아니다. 〈리플레이스먼트 킬러〉, 〈애나 앤드 킹〉, 〈커럽터〉, 〈와호장룡〉, 〈방탄승〉, 〈캐리비안의 해적 3〉, 〈드래곤볼〉, 〈황시〉 등 수많은 국제적인 영화에 출연하고 있다. 홍콩 출신이 대부분이지만 배우로는 청룽(成龍, 성룡), 리롄제(李連杰, 이연걸), 저우룬파, 장쯔이(章子怡) 등이 있고, 감독으로는 오우삼(吳宇森), 서극(徐克), 이안(李安), 우인태(于仁泰) 등이 지금 이 순간도 할리우드에서 활발하게 활동하고 있다. 누가 한류를 말하는가.

　이러한 관점으로 볼 때 우리가 '韓'에 묶여 있으면 우리의 생명력은 짧을 수밖에 없다. '韓流'(한류)라는 명칭이 하루 빨리 사라져야 하는 이유다. 그 이름 자체가 나라를 앞세운 국가주의적인 측면을 벗어나기 힘들고, 외국에도 국수주의로 비춰질 수밖에 없다. '韓流'라는 명칭 자체가 중국의 언론이 부정적인 의미로 부르기 시작한 것인데, 우리는 뭣 모르고 지금도 그 장단에 춤을 추고 있는 꼴이다. 세계화, 국제화를 이야기하면서 '한류우드'를 자랑하려고 한다. 한류에 대해서도 보다 자세한 논의가 필요하다.

미국의 할리우드, 일본의 애니메이션은 모두 자국 문화의 기초 위에 과감하게 외부 문화를 수입하여 성공을 거두었다. 우리는 우리 문화에 대한 애정이나 과감한 수용 모두 부족하다는 사실을 직시할 필요가 있다.

우인태 (于仁泰, Ronny Yu)

1950년 홍콩 출신이다. 대표작으로 〈사탄의 인형 4: 처키의 신부〉, 〈51번째 주〉, 〈13일의 금요일 11: 프레디 대 제이슨〉, 〈무인 곽원갑〉, 〈블러드 더 라스트 뱀파이어〉 등이 있다. 여러 장르에 대한 세심한 해석으로 유명한 우인태 감독은 〈백발마녀전〉, 〈야반가성〉 등으로 비평가들로부터 호평을 받았고, 그의 뛰어난 연출능력을 인정받아 할리우드로 진출하게 된다.

과감한 수용은 사회적 분위기와 연계된다. 파격적인 작품에 대한 수용과 관용이 필요하다. 정치적으로 보수적인 일본은 개인과 성에 대한 열린 자세로 이러한 한계를 풀어 내고 있고, 할리우드는 현실과 예술을 극명하게 구분하여 보수적인 삶과 진보적 예술을 모두 수용하고 있다. 사회적 금기가 하나하나 늘어날 때마다 활기는 차츰차츰 줄어든다. 국가주의는 또 하나의 금기가 된다. 수용은 단순히 받아들이는 것을 뜻하지 않는다. 1+1=2라는 산술적인 결합이 아니라 화학적인 결합을 할 수 있는 여건이 되어야 성공할 수 있다. 사회적 논란에 대해 관용과 포용이 필요한 부분이다.

표현의 자유가 중요한 이유다. 어떠한 측면에서든 은연중에 작가의 자기검열을 요구하는 사회에서 상상력은 한계가 있기 마련이다. 만화가 이현세가 "검열이 아니었다면 나는 훨씬 치열한 사회참여 작가가 됐을 것이다. 만화를 문화로 생각하지 않고, 상품으로만 여기는 사회 환경 탓에 만화에 대한 마녀사냥이 계속되고 있다"고 말하는 환경에서 문화의 발전은 분명 한계가 있다. 특히, 정치권력은 최대한으로 자제되어야 한다.

독일 화폐에 나오는 그림 형제. 야코프 그림(오른쪽)과 빌헬름 그림

그림 형제가 처음 〈신데렐라〉나 〈백설공주〉를 출판했을 때의 원본은 아마 지금이라도 난리가 났을 정도로 잔인하고 외설적이었다. 백설공주의 왕비는 친모였고, 근친상간이 나오고 나중에 복수로 불에 달군 쇠구두를 왕비에게 강제로 신긴다. 신데렐라도 나중에 결혼식 날 계모에게 불에 달군 쇠구두를 신게 하여 팔짝팔짝 뛰다(춤추다) 죽게 하고 두 언니들은 눈을 파버린다. 이처럼 잔인하고 외설적인 이야기를 당시 권력이 앞장서서 막아 버렸다면 오늘날 이 동화는 존재하지 않았을 것이다. 그러나 수많은 마찰과 수용을 통해 오늘날의 원형이 갖춰진 것이다. 우리는 미국 연방대법원이 왜 만장일치로 막가파 포르노 잡지 '허슬러'를 발행한 래리 플린트에게 무죄를 선고했는지 고민해 봐야 한다. 그가 "나 같은 쓰레기 3등 시민이 자유를 보호받는다면, 당연히 당신들 같은 1등, 2등 시민들은 저절로 자유를 누릴 수 있다."고 말한 발언을 생각해 봐야 할 것이다.

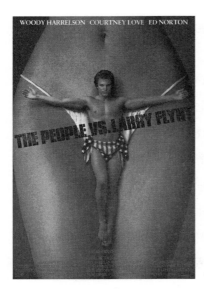

허슬러 재판을 영화화한 〈래리 플린트〉

우리가 '우리의 전통'에 대해 더욱 고민해야 할 부분은 외래의 침입보다 스스로 멀리하고 있다는 점이다. 급속한 현대화로 제법 많은 '전통'이 이미 '익숙함'에서 '낯설음'으로 바뀌었고, 바뀌어 가고 있다는 점에 유의할 필요가 있다. 장승이 사라진지 오래된 것처럼, 세계문화유산인 단오마저도 생활에서 사라진 특별한 행사인 것처럼, '전통'도 우리의 지근거리의 삶에서 멀어져 박물관에 박제된 '유물'처럼 '유배'되고 있기 때문이다.

피자를 만든 것은 이탈리아일지 모르나, 피자를 세계화하고 일반화한 것은 미국 기업이다. 그리고 우리는 '미국식 피자'를 먹으며 피자를 먹는다고 말한다. 이러한 상황에서 만약 이탈리아에서 더 이상 피자를 먹지 않는다면 피자는 미국 음식이 될 것이다. 김치가 우리의 것이라고 '자랑'하고만 있거나 '긍지'만 가지고 있다고 해결될 일은 아무것도 없다. 자칫 잘못했으면 '김치'가 아닌 '기무치'란 단어가 세계에서 공인받을 뻔했던 것처럼, 누가 만들었느냐보다 더욱 중요한 것은 '누가 쓰느냐'에 있다. 원형보다 활용이다. 한복이 평생에 한두 번 입는 특별한 옷으로 변질되고 있는 시점에서, 다른 어느 나라에선가 한복을 즐겨 입는다면 그것은 우리 것에서 멀어질 수밖에 없다. 그렇게 10년이고 100년이 지나면 그들의 것이 되어 버릴 것이다. 문화에서 원조, 원형은 중요하나 절대 불변은 아니며, 활용되지 않은 원형은 망각될 뿐이다.

문화콘텐츠가 활용, 즉 변형을 바탕으로 하고 있다고 해서 천시여기는 풍조가 있으나 이는 잘못된 생각이다. 예술은 원래 왜곡이다. 그림은 사진이 아니며, 연극은 리얼리티가 아니며 리얼리티일 수 없다. 과장, 은유 등 모든 예술적 기교조차 사실 왜곡이다. 그림은 결코 어떠한 풍경을 그대로 옮기는 작업이 아니다. 그렇지 않다면 사진이 일반화된 지금 그림은 이미 사라져야 했다. 심지어 '리얼리티'일 수밖에 없는 사진조차 왜곡을 통해 예술이 된다.

예술은 '무형'의 인간의 마음을 움직이기 위한 장치이다. 그 무형을 움직이기 위해 유무형적 왜곡은 얼마든지 허용되고 장려된다. 결국 무형의 '핵심'을 위해 모든 것을 왜곡하는 것을 마다하지 않는 것이 바로 예술인 것이다. 왜곡은 곧 변형이며, 활용이다.

이러한 관점에서 종종 벌어지는 사극에 대한 논쟁을 생각해 볼 필요가 있다. 사극은 이미 역사가 아니다. 사극은 역사에 대한 변형(재해석)을 통해 생성된다. 역사에 묶인 사극은 생명력이 없다. 그것은 '다큐멘터리'로 만들어야 할 부분이다. 사극의 역사적 진실성을 믿거나 따지는 사람은 문화와 역사에 대한 기본적인 인식마저 없음을 보여 준다. 사실에 대한 왜곡을 제대로 알리는 작업은 바로 학문이 할 일이지, 사극이나 예술이 할 부분이 아니다. 문화에서 변용의 자유를 빼앗는다면 문화는 존재할 수 없다. 역사에 대한 변용을 비판한다면, 원전 유지에 대한 부담이 사극 창작에 문제가 되고, 그것은 창작소재에서 역사(전통)에 대한 관심을 끊으라는 것과 같다. 문화가 리얼리티에만 얽매어서는 안 되듯이, 사극이 역사에 얽매이면 안 된다. 오히려 역사의 족쇄에서 벗어나서 마음껏 창작하도록 놔두고, 그에 대한 잘못된 정보를 대중에게 제대로 알리는 작업을 전문가가 하면 서로 윈윈할 수 있다. 무거운 사극에 '신선함'을 불어 넣는 작업을 거부하다가는 역사는 그 무거움에 질식되어 버릴 것이다.

마찬가지로 리얼리티와 보여 주는 리얼리티와의 차이는 명확하다. 인간이 느끼는 리얼리티는 결코 현실을 그대로 보여 준다고 인지되는 것이 아니다. 인간은 사실이 아니라 이미지로 세상을 바라본다. 특히, 그것이 어떠한 매개체를 통해 전해지는 것이라면 더욱 그러하다. 문화는 창작자가 아픔, 가슴이 저미는 아픔, 이가 시릴 정도로 치가 떨리는 아픔을 느끼는 것이 중요한 것이 아니라, 그 아픔을 상대(대중)에게 전달할 수 있을 때 완성된다. 그래서 때로는 리얼리티를 포기해야 더욱 리얼리티해진다. 장애우가 장애연기를 한다고 더

잘할 수 있을까? 장애우가 장애연기를 한다고 더욱 리얼리티하게 느끼는 것이 아니다.

아이러니하게도 우리는 세상을 직시하지 못하고, 고정적인 이미지로 세상을 바라본다. 영화에 나오는 차의 폭발은 화려하다. 실제로 차가 화려하게(?) 폭발하는 경우는 거의 없지만 그냥 푹 처박힌 차가 전달해 주는 메시지는 한계가 있다. 액션에서도 마찬가지다. 뒤엉킨 길바닥 싸움으로 나타내기는 한계가 있다. 이때 우리는 왜곡을 통해 사실을 전달하게 된다.

모든 연기는 사실이 아닌 모방일 수밖에 없듯이, 모든 예술은 상징이다. 결국 모든 예술은 모방이며 왜곡이다. 연기가 내면 속의 모습을 찾아내어 모방하는 것이라면, 코미디는 타인의 외형적 특징을 모방한다는 차이가 있을 뿐이다. 연기가 자화된 특징을 강조한다면 코미디는 캐리커처처럼 특징을 과장하는 차이가 있을 뿐, 모방과 왜곡은 발생할 수밖에 없다. 이는 대중이 받아들이는 사실 조차도 하나의 이미지로 굳어 있기 때문이다. 우리는 어떠한 객체의 모든 것을 기억하는 것이 아니라, 몇 가지 특징으로 그것을 판단한다. 이러한 과정에서 왜곡은 발생할 수밖에 없다. 우리는 이미 왜곡으로 세상을 바라보고 있는 것이다.

이러한 과정은 찰리 채플린이 망신당한 사건에서 볼 수 있다. 세계적인 희극 배우 찰리 채플린은 여행을 하던 중 몬테카를로에서 열린 한 가장 무도회에서 찰리 채플린 닮은 사람 선발대회가 열리자 호기심으로 참여한다. 진짜가 출동했으니 당연히 1등이어야 했지만, 그는 겨우 대여섯 명의 출전자 중에 3위를 하고 만다. 진짜와 인식의 차이를 보여 주는 극명한 사례

찰리 채플린

라 하겠다.

사극과 역사가 하나가 될 수 없는 이유가 여기에 있다. 예술의 특성상 사극은 왜곡 없이 창작이 불가능하다. 역설적으로 사극은 역사와 거리가 멀수록 왜곡이 심해질수록 대중의 혼란을 줄일 수 있다. 역사의 진실을 연구하는 것이 학문이라면, 역사를 이야기 소재로 삼는 것이 사극이다. 둘의 차이는 극명하다. 학계에서 사극의 역사 왜곡에 대해 왈가불가하는 것은 사극을 역사의 범위에 넣으려는 시도나 마찬가지다. 사극은 역사가 아니며, 따라서 '史實'(역사적 사실)과 일정한 거리가 있다는 사실을 대중에 알리는 것이 더욱 바람직하다.

우리가 문화콘텐츠를 연구하고 개발하는 데 있어서 가장 빠지기 쉬운 유혹이 '우리의 것이 세계적이다'라는 명제이다. 우리 내면에 숨 쉬고 있는 뜨거운 심장을 움직이는 말이다. 이에 심취하면 한국적인 것을 찾고 개발하는 것이야말로 진정한 문화콘텐츠라고 생각하기 쉽다. 그러나 우리는 이 말의 함의에 대해 진지하게 고민해 볼 필요가 있다. 이는 단순히 우리 속에 숨죽여 왔던 민족주의나 국가주의의 발견일 수도 있기 때문이다.

앞에서 거론한 것처럼 '우리 것이 좋다'는 말은 우리 것이라서 좋은 것이 아니라 익숙해서 좋다는 말이다. 결코 우리 것이 우수하고, 뛰어나서가 아니다. 이러한 우월감으로 한류를 논하면 논할수록 외부의 반발만 불러일으킬 뿐이다. 문화콘텐츠는 나름대로 어떠한 원형을 토대로 한다. 따라서 우리의 문화콘텐츠는 우리 고유의 향기와 분위기가 느껴지는 우리의 것에 뿌리를 둬야 한다는 생각은 호소력이 짙다. 하지만 이는 오히려 우리의 문화콘텐츠를 위축시키는 논리일 수 있고, 심지어 애국주의 마케팅과 마찬가지로 매우 위험천만한 발상일 수도 있다.

우리가 세계 속에서 경쟁하기 위해 우리의 것에 주목하게 되는 것은, 우선 국내 시장에서 먹힐 가능성이 높고, 또 좀 더 잘 알기에 다루기 쉽기 때문이지 결코 우리의 것이어야만 해외에 먹힌다는 의미는 아니다. 이런 논리라면 할리우드는 존재하지도 못했을 것이다. 〈007〉의 주인공은 영국인이며, 중국의 「木蘭詩」(목란시)는 할리우드를 통해 〈Mulan〉(뮬란)으로 재창조되어 세계적으로 알려졌고, 우리가 접한 수많은 유럽 및 중동의 이야기는 'made in USA'였다.

문화와 문화 원형에서 국가나 민족은 아무런 걸림돌이 되지 못한다. 할리우드 영화에 성조기가 자주 등장하는 이유는 흥행의 초석인 미국의 대중을 만족시켜

미국 시장을 잡기 위한 수단일 뿐이다. 물론 해외에서 우리의 것이 잘 먹히는 경우도 있으나, 이에 집착하는 것은 문화콘텐츠의 생명력과 상상력을 제한하는 행위이다. 분명 우리의 것을 연구하고 개발하는 것에도 일정한 힘을 쏟아야 하겠지만, 다양한 문화적 요소를 과감하게 채택하려는 시도도 끊임없이 진행되어야 한다. 고양이는 쥐만 잘 잡으면 된다(黑猫白猫). 자본에 국적이 없듯이, 문화원형도 마찬가지다.

우리의 것이 해외에서 흥행하는 이유를 분석해 보면 문화와 대중의 기본적인 작용에 대해 살펴볼 수 있다. 문화는 기본적으로 이질적인 두 가지 요소로 대중에게 다가선다. 그것은 익숙함과 낯설음이다. 가장 위험성이 적은 투자

방식은 익숙함을 바탕으로 신선함을 첨가하는 것이다. 그러나 이러한 행위가 꼭 성공을 보장하지는 않는다. 대중은 언제나 예측 불가능한 존재이기 때문이다. 하지만 익숙함과 낯설음이라는 두 가지 특성을 파악해 보는 것은 중요하다.

익숙하다는 것은 보편성을 기본으로 하기에 소비자의 공감을 이끌어 내는 요소로 강점으로 작용한다. 익숙함은 편안함, 편리함 등과 연결되어 일반적으로 긍정적인 요소는 친숙하다는 의미가 된다. 이는 심리적 안정감을 바탕으로 쉽게 대중과 소통할 수 있게 해준다. 따라서 어떠한 작품이 빅히트를 치면 수많은 아류작이 생겨나는 것도 이러한 효과를 노리기 때문이다. 1970년대 우리나라를 휩쓸던 〈외팔이〉 시리즈가 대표적이다. 한동안 무협영화는 부친이나 스승의 죽음을 목격하고 이를 복수한다는 '원한-복수'라는 매우 유사한 패턴의 반복이었지만 대중은 열광했다. 사극도 익숙함을 바탕으로 대체적으로 권선징악이라는 같은 패턴을 반복하기도 한다. 단순한 선악구도는 냉전시절 〈007〉 시리즈도 마찬가지다.

익숙함과 친숙함이 긍정적이라는 가장 큰 사례로 광고의 '3B'를 예로 들 수 있다. 광고의 3B는 아기(baby), 미녀(beauty), 귀여운 동물(beast)을 가리키는 말이다. 이 세 가지 요소를 이용한 광고는 자극적인 접근보다 소비자의 친숙함을 불러온다. 이러한 반응은 호감을 기본으로 친숙도나 집중력을 높여 광고 효과가 좋다. 친숙함은 의식적이든 혹은 무의식적이든 거부반응을 차단하거나 우호적 선택을 가져다준다. 친숙함은 수용자(대중)로 하여금 도전적 혹은 방어적인 심리상태가 아니고 우호적인 수용태도를 만들어 낸다.

그러나 익숙함은 치명적 약점을 가지고 있는데, 그것은 매너리즘이다. 익숙함이 지나치게 반복되면 식상함의 독이 되어 변화 없는 지루함을 던져 준다. 때문에 시대를 풍미하던 유행도 어느 순간 임계점에 다다르면 변모하게 된다.

익숙함은 분명 강점이지만 만능은 아니다. 문화콘텐츠를 만드는 데 있어서 리스크를 줄이기 위해 대중에게 익숙한 소재를 찾기 마련인데, 익숙함이 식상함으로 이어지지 않도록 노력해야 한다. 그것은 심지어 하나의 캐릭터의 전파 과정에서도 발생할 수 있는데, 헬로 키티에 관한 이야기를 들어 보자.

상품기획부 히로세는 '모방하다'라는 단어의 일본식 표현을 사용하여 "가장 어려운 점은 '매너리즘'이다"라고 지적하였다. 다시 말해, 신선함을 유지하기가 쉽지 않다는 의미다. 그리고 해가 거듭될수록 그 어려움이 더욱 가중되는데, 그 이유는 이미 산리오가 너무 많은 제품을 생산했기 때문이다.*

우리는 '신선함'이라는 단어에 유의할 필요가 있다. 신선함은 보지 못했던 새로운 무언가를 의미한다. 즉 낯선 어떤 것이다. 신선함은 필수적 요소이지만, 문화에 있어서 낯설음은 호기심을 자극한다는 강점보다 거부감이라는 단점으로 작용하기 쉽다. 낯설음은 특수성이라는 단어와 조합되어 불편함, 거북함 등과 연결되며 보통 부정적인 요소로 작용하는 경우가 많다. 문화산업에서 과감한 새로운 시도를 자주 하지 못하는 이유도 여기에 있다. 낯선 접근으로 대중을 놀라게 할 수는 있으나 '동의'를 얻기 쉽지 않다. 하지만 이러한 낯설음이 때로 큰 힘을 발휘하는데, 그것은 신선함이나 신비로움으로 다가설 때이다.

1980년대 초반 우리나라를 강타했던 〈부시맨〉이라는 영화가 있다. 이 영화가 빅히트를 쳤던 이유는 다름 아닌 신선함이었다. 우리 사회에서 도저히 맛볼 수 없는 아프리카, 원시부족이라는 낯설음의 연속이었지만, 그것은 거부감이 아닌 신선함으로 다가섰기에 빅히트를 칠 수 있었다. 일반적으로 문화의 코드가 유통되려면 최소한의 공감대가 필요한데, 〈부시맨〉은 장르가 코미디

---

* 켄 벨슨, 브라이언 브렘너 지음, 윤회기 옮김. 『헬로 키티: 감성마케팅 전략』. 문이당, 2006, 124쪽.

이고 대사가 거의 필요 없었기에 공감대를 형성하는 데 큰 문제가 없었다.

우리 영화 〈올드보이〉가 미국에 소개될 때 가장 충격적인 장면은 액션도 스토리도 아닌, 산낙지를 먹는 장면이었다. 우리에게는 친숙한 부분이지만 서양의 문화에 충격을 던져 주기에 충분했다. 동물단체가 나선 것은 당연했고 심지어 영화평론가도 이 장면을 정면으로 거론하며 삭제해야 한다고 비난하기도 했을 정도였다. 마치 몬도가네처럼 이질적이었기에 강력한 충격을 던져 주었던 것이다. 낯설음은 이렇게 거부감을 불러일으키기도 한다. 낯설음은 강렬한 자극을 기본으로 강한 인상을 남긴다. 이러한 접근은 이국적 혹은 신비로운 낯설음으로 소비자의 호기심을 자극한다.

창작소재의 친숙함과 낯설음을 적절히 엇섞음으로써 소비자에게 다가서는 데, 이때 보통 개별화 과정을 거친다. 다큐멘터리나 교육콘텐츠처럼 지식을 전파하는 것이 아니라면, 우리는 인간이기에 인간이라는 대상에게 이야기가 투영되면 쉽게 메시지를 받아들인다. 따라서 한 개인(주인공)에게 이러한 익숙함과 낯설음을 투영하여 소비자에게 접근한다. 심지어 요즘에는 다큐멘터리나 교육콘텐츠까지도 이러한 개별화를 거쳐 소비자에게 친숙하게 접근하려고 노력한다.

친숙함과 낯설음은 시대의 변화에 따라 변화하는데, 예를 들어 1980년대까지만 해도 한국에서 SF영화는 망한다는 말이 있었다. 실제로 〈스타워즈〉와 같이 세계적으로 흥행에 성공한 수많은 SF 대작이 수입되었으나 흥행에 성공한 영화는 극히 드물었다. 당시 SF에 대한 사전 지식과 이에 따른 정서가

문화의 양면적인 요소
- 익숙함 : 보통 긍정적 요소로 작용, 친숙함 → 지겨움 : 사극, 무협극
- 낯설음 : 보통 부정적 요소로 작용, 거북함 → 신선함 : 부시맨, SF영화

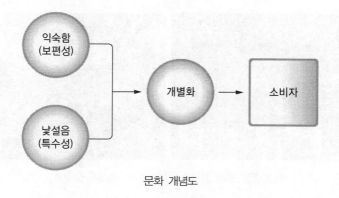

문화 개념도

전혀 형성되지 않았던 한국 사회에서 그것은 낯설고 거북스러운 존재일 뿐이었다. 할리우드 SF영화가 1990년대 이후 차츰 대중의 관심을 모을 수 있었던 것도 이러한 거부감이 어느 정도의 지식 축적을 통해 친숙함으로 변해갔고, 여기에 신선함이 겹쳤기 때문이다.

SF가 1990년대 들어서 우리에게 받아들여진 것은 기본적인 공감대를 형성했기 때문이다. 그 결정적인 이유는 교육이었다. 70, 80년대부터 청소년기에 과학적 기초지식을 배우고 여기에 공룡, UFO를 들으며 자란 세대가 성인이 되자 이러한 SF를 부담 없이 받아들이게 되었던 것이다. 우리의 전통문화를 바탕으로 한 문화콘텐츠가 사회적 주목을 받기를 원한다면, 우리 문화에 대한 연구나 창작 못지않게 주목해야 할 부분은 바로 교육이다. 특히, 초등교육이 그렇다.

할머니의 구수한 옛날이야기가 사라진 자리를 『그리스·로마신화』나 서양의 다른 동화가 차지한다면, 그들의 정서는 더 이상 도깨비나 달님·해님이 아니다. 비너스가 삼신할머니보다 친근해진다면 우리의 문화원형은 박제된 유물처럼 아무런 친근함을 줄 수 없을 것이다. 그들이 성장했을 때, 우리의 것으로 만든 문화콘텐츠가 오히려 낯설게 느껴지게 될 위험을 안고 있다.

잘 보존된 일본 산사와 사라져 가는 우리의 선황당

우리의 가락 대신에 클래식이나 팝이, 성황당 나무나 장승 대신 아파트가, 설이나 추석 대신 크리스마스가 우리의 생활을 차지한다면, 그러한 환경 속에서 자란 세대에게 우리의 문화원형은 아무런 가치가 없는 존재가 될 것이다.

미야자키 하야오(Hayao Miyazaki) 감독의 일본 애니메이션 〈이웃집 토토로〉는 우리로 보면 뒷동산 수호나무의 도깨비 이야기지만 세계화되었는데 반해 우리의 도깨비는 어디로 사라진 것인지 고민해 봐야 한다. 누구도 아닌 우리 스스로 우리의 도깨비를 없애고 있다. 단순히 히트작 한두 편을 만드는 것이 중요한 것이 아니다. 신에게 감사하고 죽은 이의 영혼을 위무하는 축제인

초등학교 국어 쓰기 교과서에 실린 우리나라 도깨비(왼쪽)와 일본 요괴인 오니(오른쪽)의 모습이 흡사해 말썽이 일어나기도 했다.

일본 문화의 꽃 마츠리

일본의 축제는 마츠리(祭り, まつり)라고 하며 신령 등에 제사를 지내는 의식이다. 혹은 본래의 축제에서 발생한 것으로 이벤트, 페스티벌이라고 할 수 있다. '마츠리'라는 말은 '제사를 지내다'의 명사형으로, 원래는 신에게 제사를 지내는 것을 말하며 그 의식을 가리키는 말이기도 하다. 이 의미로의 '마츠리'는 현재에도 지진제, 기원제의 형태로 남아있다.

일본 신화에 나오는 아마노이와토(天岩戸, あまのいわと)에서 하는 제사가 일본에서 가장 오래된 것으로 알려져 있다. 초기의 마츠리는 사람들의 눈에 띄지 않는 비밀스러운 장소에서 이뤄지는 경우도 있었다. 오늘날에도 중심이 되는 의식을 한정된 사람들끼리만 모여서 하는 마츠리도 일부 남아 있다.

현재 일반적인 의미로서의 마츠리는 신사나 절을 주체 혹은 무대로 하는 경우가 많다. 의식에서는 풍작, 풍어, 사업번창, 무사고, 무병장수, 가내안전 등을 빈다. 또는 이것들의 성취를 감사하며 지내는 것도 있고, 다섯 가지 명절 등 연중행사가 발전되기를 기원하기 위한 것이나 위인을 기리기 위해서 행하는 것 등 여러 가지가 있다. 이런 목적에 따라서 개최 시기나 행사의 내용이 아주 다양하고 같은 목적, 같은 신에 대한 마츠리이더라도 취향이나 전통에 따라, 지방이나 지역에 따라 크게 차이 나는 경우도 많다.

일본의 대표적인 축체 '마츠리'

'마츠리'(祭)는 1년 내내 일본 전역에서 마을별로 지역별로 열리는 대표적인 축제의 마당이다. 종교적 색채는 많이 퇴색한 대신 지역사회 주민들의 사교와 연대를 꾀하는 방식으로 변모하여 현대화되고 있다. 그런데 우리의 단오는 세계문화유산으로 지정되었다고 자랑하지만 생활에서 이미 너무 멀어져 버린 것은 아닌지 반문해 볼 필요가 있다. 문화콘텐츠의 문화원형은 결국 우리 생활문화의 반영일 뿐이다.

입시에 내몰린 교육에 대한 우려는 하루 이틀이 아니다. 학교와 학원을 오가며 문화 향유는 사치이거나 탈선으로 여겨지고 있다. 소양교육은 짧은 시간에 즐길 수 있는 인터넷에 맡겨 두고 있다. 이런 환경에서 삶의 문화는 거리가 멀며, 우리의 문화원형을 형성한다는 것은 피상적인 이야기일 뿐이다. 어려서부터 문화를 지근거리에서 즐기며 배울 수 있어야 하는데, 우리의 입시에는 이러한 부분이 전혀 소용없다. 일부 전문가만을 생산하는 엘리트 교육에서 문화콘텐츠의 미래는 밝다고 할 수 없다.

『제3의 물결』로 유명한 미래학자 앨빈 토플러(Alvin Toffler)는 미국, 유럽, 일본의 공교육은 마치 '공장'(factory)과 같아서 반복적으로 암기하고 정해진 스케줄에 따라 등·하교를 하는데, 한국도 마찬가지로 본다. 미래의 교육시스템으로 바람직하지 않다. 이제 교육은 동질성(homogeneity)을 강조하는 교육이 아닌 이질성(hetogeneity)을 강조하는 교육이어야 하며, 학생을 '개인'(individual)으로 대우해 주어야 하며, 교육을 통해 혁신성(innovation)과 창조성(creativity)을 키워 주어야 한다. 그는 미래는 새로운 아이디어를 내놓을 혁신가들이 주도할 것이라고 했다.

혁신가는 바로 창의력이 뛰어난 인재이다. 즉 문화콘텐츠적 인재이다. 이들은 암기나 반복으로 양성되지 않는다. 창의력이란 남들이 아는 100가지를 잘 아는 것이 아니라 남들이 알지 못하는 한 가지를 생각해 내는 것이다.

그런데 우리나라 초·중·고 교육은 어떠한가. 앨빈 토플러는 "한 가지 더 지적하자면 학생을 오후 10시까지 묶어 두지 말아야 한다. 미국도 그런 짓은 하지 않는다. 한국이 미국보다 잘못하는 게 있다면 그건 교육이다."라고 강조하고 있다. 꿈 꿀 시간도 없이 청소년기를 보낸 이들이 과연 어떠한 문화수양을 쌓고, 어떻게 창의적 인재가 될 수 있겠는가. 또한 잠재적 창조자이자 소비자인 이들이 문화를 향유하지 못하고 문화와 함께 자라지 못한다는 것은 문화콘텐츠의 미래에도 어두운 그림자를 드리우고 있다.

입시지옥이라는 검은 그림자가 드리워진 현재의 소모적인 교육에서 창조적 인재가 만들어지기는 힘들다. '반복적인 암기'와 '정해진 스케줄'로 '고기 잡는 법을 가르쳐' 주면 된다고 생각하는 것은 산업화 시대나 가능했던 방법이다. 교육의 방향에 대해서는 『어린 왕자』의 저자 생텍쥐페리가 말한 것처럼 바다를 간절히 원하게만 해주면 된다. 배를 만들어 주는 것이 아니라 바다를 보여 주는 것이다. 바다가 간절하다면 배를 만들 것이고, 바다로 나갈 것이다. 그러한 간절한 그리움, 그 열망을 심어 주는 교육을 해야 하는 것이다. 공부를 잘해도 지겨워한다면 단순한 기술자만 양산하게 될 것이다. 학업성취도는 높았지만, 공부에 대한 관심이나 자신감은 하위권에 머무르면서 세계 평균을 한참 밑돌았다. 국제교육성취도평가협회(IEA)에 따르면 2007년 우리나라 중학 2년생 수학·과학의 학업성취도는 각각 세계 상위권인 2·4위로 나타났다. 하지만 이들

〈생텍쥐페리와 어린 왕자의 동상〉. 프랑스 리옹

과목에 대한 흥미나 자신감은 최하위권으로 조사됐다. 우리는 고기 잡는 법을 가르치면서 바다에 대한 열망은커녕 오히려 염증을 느끼게 하고 있는 것은 아닌지 자문해 볼 필요가 있다 하겠다.

우리의 문화원형을 연구 개발하는 것은 매우 중요하다. 그것은 우리가 가장 잘 다룰 수 있는 부분이기 때문이다. 그럼에도 한계는 명확히 인지해야 한다. 사회에서 우리 문화에 대한 수요가 있다면 문화산업 개발자는 동물적 감각으로 달려들어 투자할 것이다. 결국 우리의 문화원형의 흥행과 생존은 사회 전반적인 분위기에 달린 것이지, 일부의 인위적인 노력으로 바뀔 수 있는 것이 아니다. 삶에 밀착하지 못한 문화원형의 생명력이 길 수 없고, 박제된 모습이라면 결국 박물관만 기다릴 뿐이다.

우리 것은 잊어버리고, 외국 것은 제대로 배우지 못한다면 우리의 미래는 암담하다. 심형래 감독은 SF라는 장르가 세계에서 통할 수 있다고 해서 〈디워〉를 만들었다. 맞는 말이지만, 그럼에도 불구하고 SF가 그냥 만들어진 것이 아니며 판타지가 아무렇게나 창작되는 것이 아니다.

SF나 판타지는 마구잡이 허상의 조합이 아니다. SF 장르의 원천은 SF소설로 진화론을 바탕으로 천문학과 물리학으로 대표되는 근대과학의 발전의 영향으로 생겨났다. 19~20세기에 있었던 수많은 '삼류' 공상과학소설이 밑바탕이다. 18세기 『미크로메가』(*Micromégas*), 『걸리버 여행기』(*Gulliver's Travels*)를 시작으로 19세기 메리 셸리의 고전 소설 『프랑켄슈타인』, 『지킬 박사와 하이드 씨의 이상한 사건』(*Strange Case of Dr. Jekyll and Mr. Hyde*), 『해저 2만리』, 『80일간의 세계일주』 등의 연속성을 지니고 있다. 허버트 조지 웰스 (Herbert George Wells)가 1898년 발표한 소설인 『우주전쟁』(*The War of the Worlds*)은 최근 2005년에 할리우드에 의해 재창조될 정도였고, 2008년에 개봉한 〈지구가 멈추는 날〉(the day the earth stood still)은 1951년에 제작된 영화를

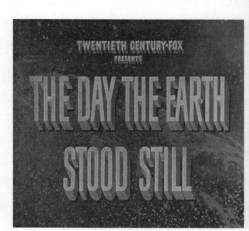

1951년과 2008년의 〈지구가 멈추는 날〉

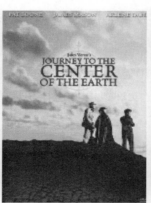

〈잃어버린 세계를 찾아서〉의 원작과 1959년과 2008년의 영화

리메이크한 것으로 원작은 해리 베이츠(1900~1981)의 『잘 가오, 주인이여』(*Farewell to the Master*, 1940)이며, 또한 〈잃어버린 세계를 찾아서〉(Journey to the Center of the Earth, 2008)는 1959년 영화를 리메이크한 것으로, 쥘 베른의 『지구 속 여행』(*Voyage au Centre de la Terre*, 1864)을 바탕으로 만들어진 영화이다. 〈스타워즈〉, 〈ET〉가 어느 날 불쑥 나온 것이 아니다.

서양의 판타지도 마찬가지다. 서양 판타지의 3대 요소라 할 수 있는 성경, 그리스·로마신화, 유럽신화의 변용으로 나름대로 탄탄한 밑바탕 코드가 있다는 사실을 직시해야 한다. 여기에 지하세계, 화성인, 거인족, 홍색인간, 좀비, 1만 년 전 문명설 등 다양한 밑바탕 이야기가 오늘날 시각으로 수용되어 재창조되고 있는 것이다. 〈해리포터〉, 〈반지의 제왕〉이 이러한 밑바탕 속에 만들어졌다. 난장이나 요정 등도 나름대로의 고유한 성격과 코드가 있다.

하버드대학교에서 학생들에게 외계인을 마음대로 그려 보라고 했으나 80% 이상이 영화 등 기존의 이미지를 차용(기존 모델의 반복)했다고 하는 것처럼, 상상력은 유추가 가능한 어떠한 것이지 뜬금없는 망상이 아니다. 일정한 상징의 법칙이 작용한다. 〈양들의 침묵〉도 심리학에 대한 이해 없이 창작이 불가능하다. 프로이드의 『꿈의 해석』(*Die Traumdeutung*) 정도는 소화해야 가능하다. 이처럼 SF는 나름대로의 과학적 기초가 필요하고, 판타지는 나름대로의 내공이 필요한데 〈디워〉는 이러한 기본마저도 혼란스러운 작품이 되어 버렸다.

모든 문화원형은 사회적인 기본적인 공감대가 존재해야만 다양한 재해석을 통해 창작의 영역이 확장될 수 있다. 소비자는 이러한 상징적인 코드로 문화를 소화한다. 따라서 문화에서 기본 지식을 대중에게 전달하는 작업은 매우 중요하다. 이것은 모든 문화콘텐츠 작업의 초석이며, 한 사회의 문화적 흐름을 좌지우지하는 밑거름이기도 하다. 우리의 문화원형이라고 해도 끊임없이 노력하지 않으면 이러한 기본적인 공감대마저 형성하지 못하는 이질적인 요소가 되어 버릴 수 있다. 과연 우리 것은 우리에게 얼마나 공감대를 형성하고 있는지, 그 공감대가 과연 얼마나 더 이어질지 고민해 봐야 할 때가 되었다.

서양 SF 작품의 내력

19세기	**에드거 앨런 포** 에이러스와 차미언의 대화 한스 팔의 환상여행 열기구 종달새 호에 탑승하여 2848년 4월 1일 **쥘 베른** 달나라 탐험	지구속 여행 해저 2만 리 **허버트 조지 웰즈** 타임머신(1895) 모로박사의 성 투명인간(1897) 우주전쟁(1898)
SF의 탄생기	**휴고 건즈백** 랄프124C41+(1911) **에드워드 스미스** 우주의 종달새(1928)	**스테이플던** 최후와 최초의 인간들 이상한 존(1934) **올더스 헉슬리** 멋진 신세계
SF의 황금기	**존 캠벨** 원자가 붕괴할 때(1930) 여명(1934) **보그트** 슬랜 우주선 비글호 **아이작 아시모프** 파운데이션 3부작 강철도시 벌거벗은 태양 여명의 로봇 **로봇 하이라인** 생명선 미래사 시리즈 스타쉽 트루퍼스(1959) **엘프리도 베스터** 부서진 공리(1939) 파괴된 사나이(1950) 타이거! 타이거!(1956)	기계(1935) 침략자(1935) 반란(1935) 낯선 세계의 이방인(1961) 달은 무자비한 밤의 여왕(1961) **시어도어 스터전** 인간을 넘어서(1953) 합성인간 비너스 플러스 구조대(1946) **아서 클라크** 은하제국의 붕괴 우주로의 서곡(1951) 유년기의 끝(1953) 2001 스페이스 오디세이(1968) **레이 브래드버리** 화성연대기 화씨 451 문신한 사나이 부서진 공리(1939) 파괴된 사나이(1950)

1960년대의 새로운 SF	**무어 코크** SF 전문지 〈뉴월드〉의 편집자(1964) **제임스 밸러드** 강제수용소 도시(1957) 맨홀 69 웨이팅 그라운드(1959) 크로노폴리스(1960) 시간의 목소리(1960) 존재하지 않는 곳에서 불어오는 바람(1962)	익사한 세계 불타는 세계 **크리스텔 월드** 너와 나의 연속체(1966) 잔혹박람회(1970) 크래쉬(1973) **로저 젤라즈니** 불사신(1966) 빛의 여왕(1967)
	어슬러 K. 르 귄 파리의 4월(1962) 헤인시리즈(1966) 유배행성(1966) 환영의 도시(1967) 어둠의 왼손(1969) 세계의 공통어는 숲(1972) 빼앗긴 자들(1974) 바람의 열두 방향(1994) 용서로 향하는 네 갈래길(1995) 더 텔링(2000) 세계의 탄생일과 또다른 이야기(2002) **필립 K. 딕** 앤드로이는 전기양의 꿈을 꾸는가 (1968) 도매가로 기억을 팝니다(1967)	마이너리티 리포트(1956) 하늘에 있는 눈(1957) 유빅(1969) 두 번째 변종 사기꾼 로봇 눈물이여 흘러라 하고 경감은 말했다 높은 성의 사나이 **스타니수아프 렘** 마젤란 성운(1955) 우주 여행기(1957) 인공두뇌(1967) 미래학 회의(1971) 에덴(1959) 솔라리스(1961) 무적호(1964)
	커트 보네거트 자동 피아노 갈라파고스 고양이 요람 제5도살장 챔피온들의 저녁식사 타이탄의 미녀 레싱 생존자의 회고록(1974)	**앤소니 버제스** 시계태엽 오렌지(1962) **토머스 핀천** 중력의 무지개(1973) 2-49호 품목의 경매

사이버 펑크	**윌리엄 깁슨** 뉴로맨스(1984) 카운트 제로(1986) 모나리자 오버드라이브(1988)	**브루스 스털링** 인공 소년(1980) 스키즈매트릭스(1985)
SF의 확장기	**그렉 베어** 블러드 뮤직(1985) 파운데이션과 카오스(1998) 다윈스 라디오(1999) 다윈스 칠드런(2003) **스완윅** 진공꽃(1987) 옛 지구의 이야기(1991)	**그렉 이건** 쿼런틴(1992) 순열도시(1994) 테라네시아(1999) 실드의 사다리(2002) **스테판 백스터** 뗏목(1991) 안티 아이스(1993) 타임 쉽(1995) 타이탄(1997)
	조나단 레셈 전주곡과 함께 쏴라(1995) 망각의 달(1995)	그녀가 테이블을 넘어서(1997) 풍경 속의 소녀(1998)

자료 : 『북페뎀』. 2004 여름호.

『통섭: 지식의 대통합』

원제 : Consilience: The Unity of Knowledge, 1998
에드워드 오스본 윌슨 지음, 최재천·장대익 엮음, 사이언스북스, 2005

이 책은 사회생물학의 창시자 에드워드 윌슨의 사상을 집대성한 책으로 하버드 대학 재직 당시 그에게 공부한 제자 최재천(이화여자대학교 교수)이 옮겼다. 학문의 융합 또는 통섭은 21세기로 접어들며 필연적으로 나타난 현상으로 통섭은 우리나라 지식계에 신선한 자극을 주고 있다. 용광로처럼 모든 것은 한곳에 녹여 내는 '문화콘텐츠'는 통섭과 가장 근접한 새로운 학문 분야가 아닐까?

『도착』

원제 : The Arrival, 2006
숀탠 지음, 사계절, 2008

글씨 없이 그림만으로 의미를 전하는 독특한 방식 때문인지 국내에는 어린이 그림책으로 소개하고 있다. 하지만 이 책은 어른에서 어린이까지 나이 상관없이, 그리고 피부색이나 국경을 초원한 환상적인 인본주의 책이다.

『Hello Kitty 감성마케팅 전략』

원제 : Hello Kitty, 2004
켄 벨슨·브라이언 브렘너 지음, 윤희기 옮김, 문운당, 2006

'헬로 키티'는 성공한 캐릭터 상품으로 산리오 사에서 1974년 개발해 35년 동안 꾸준한 사랑을 받고 있으며 문화콘텐츠 분야에서 좋은 모델이 되는 상품이다. 이 책은 연간 10억 달러의 매출을 올리는 헬로 키티의 감성마케팅을 분석한 브랜드 마케팅 보고서이다.

『제3의 물결』

원제 : The Third Wave, 1980
앨빈 토플러 지음, 원창엽 옮김, 홍신문화사, 2006

현대 사회를 냉철한 시각에서 바라본 『미래의 충격』의 저자이자 저명한 미래학자이며 저널리스트인 앨빈 토플러가 펼쳐 보이는 인류 문명의 어제와 오늘, 그리고 내일. 『제3의 물결』은 인류 문명의 발전 과정을 역사적으로 분석·기술하면서 그 과거 문명을 기반으로, 그와는 전혀 다른 모습으로 태어난 '제3의 문명'이라는 새로운 세계를 흥미롭게 소개한다.

2

시스템으로 본 문화콘텐츠

문 화 콘 텐 츠   시 스 템

문화콘텐츠 시스템의 생성과 파생

디 지 털   시 대 의   문 화 콘 텐 츠

2장 시스템으로 본 **문화콘텐츠**

문화콘텐츠 시스템

문화콘텐츠는 문화를 대상(대중)에게 전달하는 모든 과정을 포괄한다. 또한 시스템적으로는 문화와 산업을 연결해 주는 역할을 한다. 이러한 문화콘텐츠의 범위와 영역에 대해서는 1장에서 충분히 논의하였고, 여기서는 보다 구조적 부분을 논의하고자 한다. 문화를 대중에게 전달한다는 점은 문화콘텐츠의 특성을 잘 보여 주는 것으로 이러한 전달과정의 변화를 통해 문화콘텐츠의 발전과정을 살펴볼 수 있다.

예전에는 문화가 대중에게 전달되는 통로는 단편적이었다. 그 경로 또한 다양하지 않았다. 문화의 수용자 또한 문화를 즐길 만한 여유 시간이나 경제력이 부족했다. 이러한 시기의 문화는 공급이 부족하였고, 심리적 수요는 넘쳐났을 수도 있으나 경제적 문화 수용은 경제적 기초가 부족하였다. 이로 인해 문화를 통한 문화의 경제적 수익 또한 매우 제한되었던 악순환 구조였다. 따라서 문화는 귀족계층이나 상인계층과 같은 물질적 후원을 받을 수 있는 일부 특수 계층을 만족시키는 데 집중될 수밖에 없었으며, 대중과의 교류에서는 정치적·경제적 생존을 보장받을 수 없었다. 소통의 통로 또한 독자적 자율권이 없이 권력의 통제하에 놓여 있었기 때문에 매우 제한되어 있어 다양한 문화적 행위가 불가능했다.

산업화 이후 점차적으로 대중의 문화적 수요와 경제적 능력이 뒷받침되면서 문화는 새로운 계기를 맞이하게 된다. 하지만 이러한 사회적 변화에도 불구하고 주요 문화는 여전히 일부 특수 계층을 위한 것이었으며, 소비자라고 할 수 있는 대중에게 접근하기보다는 부족한 수요를 바탕으로 대중 위에 군림하는 모습이었다. 이 시기 대부분의 문화적 행위도 여전히 권력의 통제와 일부 계층의 물질적 후원 속에 존폐를 고민해야 했기 때문에 대중을 생각할 여지가 별로 없었다.

이후 문화는 시민계층의 성장과 맞물려 성장하게 되었다. 18세기부터 점차 시민계층을 대상으로 한 문화가 흥성하기 시작하여 20세기 초에 접어들어 본격적으로 다양한 문화 계층과 양상이 생겨나게 되었다. 특히 '대중문화'의 등장은 현재의 문화콘텐츠와 밀접한 관련을 가지게 된다. 대중문화는 대중이 즐기는 문화라는 측면에서는 기존의 문화와 별다른 차이가 없으나 문화의 생산자와 소비자가 일치되어 있는 민속문화 또는 민중문화와 다른 성격으로 이윤창출을 목적으로 대량으로 생산하고, 대량으로 소비되는 상업주의 문화로 변화되어 고착되어 갔다. 이윤의 창출은 곧 문화콘텐츠의 가장 큰 특성과 일치한다. 따라서 대중문화의 등장은 처음으로 시도된 문화콘텐츠 작업이라고 할 수 있으며, 대중문화는 원시 형태 문화콘텐츠라고도 할 수 있다.

시민계층의 부상으로 등장한 '대중문화'는 문화와 수용자의 거리를 좁히는 역할을 하여 문화가 크게 번성하게 된다. 하지만 대중문화는 그 상업적 속성상 문화가 규격화하고 획일화되는 성향을 드러내게 되었다. 규격화와 획일화는 문화적 다양성을 감소시키는 역할을 하여 오히려 문화 자체를 약화시키는 이율배반적 방향성을 나타내었다. 이에 대한 신랄한 비판은 호르크하이머 (Horkheimer)와 아도르노(Adorno)가 지은 『계몽의 변증법』에 잘 나타나 있다. 흥행, 즉 경제적 이익만을 따지는 이러한 대중문화의 등장으로 사회 전반의 통일성(획일성)은 늘어나고 다양성은 감소하는 추세를 보였던 것이다. 일부 문화적 히트 상품과 그 아류에만 모든 사회적 관심이 집중되었기에 다양한 문화는 꽃을 피워 보지도 못하고 사라져야만 했다.

이러한 비판에도 불구하고 경제적 측면에서 통일적 규격화를 통해 얻어지는 효율성과 합리성은 결코 가볍게 평가할 수 없다. 또한 이러한 변화가 문화를 독립시키는 역할을 가능하게 만든 측면도 존재한다. 권력이나 일부 소수계층에게 의지하여 생존하던 문화가 이러한 규격화된 효율성으로 새로운 수용자인 시민계층의 지지를 이끌어 냄으로써 비로소 문화가 자체적인 힘으로 홀로 설 수 있게 되었다. 즉 문화가 독립적인 존재가 되었던 것이다. 물론 여전히 권력을 등에 업고 소수계층의 지원하에 대중을 통제하려는 시도도 있었으나 이러한 방향의 출현 원인은 대중문화 자체의 문제라기보다는 사회 권력의 행태가 보다 본질적인 원인이다. 경제와 맞물린 사회의 민주주의가 정착되어 가면서 권력의 통제가 약화되자 '대중문화'는 그 획일적인 모습을 답습하면서도 다양한 새로운 형태의 문화를 만들어 내게 되었다.

우리는 이러한 문화콘텐츠의 전 단계인 대중문화에 대한 비판에 열린 자세로 접근할 필요가 있다. 대중문화의 부정적 성격이 문화콘텐츠에서도 그대로 생겨날 개연성이 높기 때문이다. 이러한 고민과 그 해결책을 찾기 위한 노력이 없다면 문화콘텐츠에도 치명적인 약점으로 등장할 수 있다. 지금도 화두가 되고 있는 '예술이 먼저냐 생존이 먼저냐'는 풀리지 않는 문제에 대해, 자생적 생존력이 없는 '순수예술'의 잣대로만 대중문화의 천박함을 비판해서도 안 되겠지만, 마찬가지로 사회적 관심을 한 몸에 받고 경제적 열매를 혼자 독차지하고 있다고 해서 우쭐하여 대중문화의 원천인 문화원형과 순수예술에 대한 관심을 소홀히 해서도 안 될 것이다. 문화나

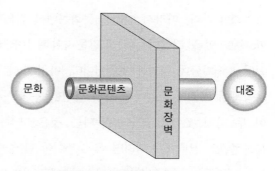

문화콘텐츠의 소통의 역할(문화 : 대중)

문화원형과 문화콘텐츠는 경쟁의 대상이 아니라 상생의 관계이다. 비록 한쪽에 관심이 집중되어 다른 쪽에 부정적인 영향을 줄 수도 있지만(일반적으로 문화콘텐츠가 관심을 차지할 확률이 높지만), 문화원형은 문화콘텐츠의 마르지 않는 젖줄이며, 문화원형은 문화콘텐츠를 통해 더 많은 새로운 가치를 얻을 수 있다.

문화콘텐츠는 대중문화와 마찬가지로 문화를 소비자에게 전달해 주는 역할을 한다. 이때 문화콘텐츠 전문가의 역할이 대두된다. 문화콘텐츠의 개념을 도표로 본다면 문화콘텐츠 전문가는 일종의 전달자 역할을 하게 되는데, 이는 문화나 문화원형을 대중화시켜 전달해 주는 역할을 한다. 따라서 문화콘텐츠 전문가는 기본적으로 문화가 대중에게 전달되는 모든 경로를 파악하고 있어야 한다. 결국 직접 대중과 소통하거나 그 소통을 돕는 역할을 해야 하는 문화콘텐츠 전문가는 일종의 전달자의 역할을 하기 때문에 한편으로는 전문적인 지식이 요구되면서도 다른 한편으로는 대중적인 감각이 있어야 하는 두 가지 조건을 모두 갖춰야 한다. 결국 먼저 기존의 문화에 대해 재해석이나 새로운 시각으로 분석하거나 이에 관련된 연구 성과를 검토하여 문화콘텐츠를 기획하고, 그 다음 이러한 기획을 어떻게 대중에게 전달할 것인가에 대해

고민해야 한다. 따라서 이러한 문화콘텐츠 전문가는 '지식연예인'이라고 명명할 수도 있을 것이다. 이는 '전문지식'과 '대중성'을 동시에 지녀야 한다는 의미로 저자들이 명명한 조합어이다. 마치 스타 강사처럼 기존의 연구 성과를 파악하여 대중의 눈높이에 맞춰 설명할 수 있는 능력이 있어야 하는 것이다. 이 두 가지 조건을 모두 갖춘다는 것은 그리 쉬운 일은 아니지만 유능한 문화콘텐츠 전문가가 되려면 꼭 갖추어야 할 능력이다. 때문에 전통적인 학자와는 많은 차이가 날 수밖에 없으며, 연구 방법에서도 차이가 날 수밖에 없다.

　소비자는 돈을 내고 영화를 본다. 이때 소비자에게 직접적인 전달을 담당하는 것은 배우이다. 이러한 배우의 중요성은 갈수록 커져 영화의 흥행을 좌우하는 중요한 요소가 되기도 한다. 스타도 되고 돈도 버는 그들의 존재는 매우 중요하지만, 배우만으로 영화가 만들어지는 것은 아니다. 마찬가지로 감독만으로 영화가 만들어지는 것도 아니다. 보이지 않는 수많은 사람들이 보이지 않는 단계를 담당하고 책임져야만 가능하다. 그러나 소비자는 물론 심지어 경영자도 이러한 과정이나 숨은 노력을 주목하지 않는다. 문화콘텐츠도 마찬가지다. 소비자에게 전달되고 기억에 남는 대상은 캐릭터나 배우이다. 여기에 기획자가 주목받을 수도 있다. 그러나 대다수 문화콘텐츠 제작자는 대중과 직접 교류하기 힘들다. 문화콘텐츠 전문가가 비록 전문적인 분야와 대중성을 확보해야 하지만 직접 소비자를 접하는 경우는 드물 수도 있다는 점을 알아둘 필요가 있다. 시나리오 작가나 감독이라면 당연히 대중의 욕구에 대해 고민해야 하지만, 그렇다고 직접 무대 위로 뛰어 오르는 것은 아니란 뜻이다.

　이처럼 문화원형이 전문가의 손을 거쳐 문화콘텐츠화되어 소비자에게 전달되는 과정은 다양한 매개체의 등장으로 다변화되어 왔고, 되어 가고 있다. 예전에는 연극처럼 제한된 공간에서 직접 관중에게 전달하는 방법이 유일했으며, 따라서 물리적 한계인 시간적·공간적 문제로 인해 수용인원의 규모가 일정한 한도 이내로 제한될 수밖에 없었다. 특별한 후원자가 없는 이상 제한된 관객이 창작비용을 부담해야 했기 때문에 경제적 임계점도 명확했다. 그러나 영화, 라디오, TV 등의 등장으로 이러한 한계는 상당히 희석되고 있다. 이때부터 투자규모는 더욱 커지게 되었고, 소비자에 대한 성향 파악도 더욱 치밀해지기 시작했다. 그러나 이러한 발전에도 불구하고 그 유통구조는 여전히 아날로그적인 상태에 머물러 있어 한계가 명확했다. 이러한 흐름에 획기적 변화를 가져온 것은 디지털 체제의 등장이다.

우리나라에서 대중문화가 문화콘텐츠로 바뀌는 과정은 컴퓨터와 인터넷의 등장으로 생겨난 새로운 소통의 구조와 밀접한 관련이 있다. 이는 이미 살펴본 것처럼 콘텐츠라는 단어를 IT기술과 연관 지어 설명하는 주장에서도 알수 있다. 비록 문화콘텐츠가 등장한 시기는 IT의 등장보다는 빨랐으나, 우리나라에서 문화콘텐츠가 본격적으로 사회에서 주목을 받은 시기는 IT의 등장과 거의 유사하다. 2009년 2월에 개정된 문화산업진흥기본법 제3조에서는 '콘텐츠'란 부호 · 문자 · 음성 · 음향 및 영상 등의 자료 또는 정보라고 규정하고 있지만, 일반인적 포탈사이트의 정의에 의하면, 콘텐츠는 각종 유무선 통신망을 통해 매매 또는 교환되는 디지털화된 정보의 통칭이라고 규정하고 있다(엠파스 백과사전). 디지털로 대표되는 IT기술의 등장은 이전의 아날로그 사회에 근본적인 변동을 가져 왔고, 문화와 이에 관련된 사업도 크게 변화하게 되었다.

디지털 시대의 도래는 정보화 시대를 이끌었으며, 정보공개와 소통은 외부에 공개되지 않았던 많은 전문가의 영역을 허무는 역할을 했으며, 또한 디지털 기술의 보급으로 창작에 일반인이 직접 참여할 수 있는 공간을 만들어 주었다. 일반인은 더 이상 일방적인 수용자의 자세에서 벗어나, 직접 다양한 문화콘텐츠의 전파와 논평에 참여하게 되었고 또한 패러디로 대표되는 기존 문화콘텐츠의 변형이나 UCC로 대표되는 새로운 문화콘텐츠의 창작까지 하게 되었다. 디지털 시대의 도래로 인해 어떠한 형태로든 일반인의 참여의 창이 열리면서 기존의 작가와 독자 혹은 제작자와 소비자 사이의 거리가 대폭 줄어들게 되었다. 디지털이란 새로운 전달경로가 중요해지면서 전문가도 기존의 문화적 창작품을 디지털로 바꾸어 일반인과 직접 대면하게 되었는데, 여기에 디지털 매개체를 책임질 새로운 분야의 전문가가 필요했고, 문화를 대중에게 전달하는 과정에서 더욱 다양한 계층이 참여하는 집단적 창작이라는 성격을 가지게 되었다.

디지털 시대의 도래는 아날로그적 한계를 무너뜨리며, 문화콘텐츠의 확산에 큰 영향을 주었다. 먼저 소비자의 확산과 참여가 눈에 띄게 증가하여 이전과는 전혀 다른 형태를 보여 준다. 소비자의 적극적인 참여는 산업의 주목을 받게 되었고, 이는 곧바로 문화콘텐츠와 산업과의 관계가 밀착되는 결과를 불러일으켰다. 이전의 문화산업이 일부 특수 직종의 전유물로 인식되던 것과는 달리 사회 모든 분야의 다양한 산업과의 협력 혹은 합작체제가 이루어지게 된다. 이러한 변화로 문화콘텐츠의 산업적 측면에 대한 요구가 갈수록 높아지게 되어 경제적 측면의 접근이 필요하게 되었다. 이렇게 강화된 경제적 측면의 요구로 인해 문화콘텐츠 전문가는 문화와 소비자뿐만 아니라 경제적 측면도 이해하고 고려해야 한다. 신자유주의 경제체제의 등장 이후 경제적 측면은 더욱 중시되어, 가시적 성과는 문화콘텐츠의 핵심으로 등장하게 되었다. 하지만 이러한 추세는 문화 고유의 색채와는 이질적인 것으로 문화콘텐츠의 부담으로 다가온다.

결국 산업적인 측면으로 보면 문화콘텐츠는 문화를 산업화시킬 수 있도록 가공하여 제공하는 것이다. 이러한 성격으로 인해 문화(원형)의 힘이 약화되거나 무시되는 현상도 벌어진다. 마치 가시화되기 힘든 기초과학에 대한 투자는 없이 당장 사용할 수 있는 실용과학에만 투자가 몰리는 것과 같은 현상이 문화콘텐츠 영역에서도 벌어지고 있는 것이다. 문화콘텐츠의 가시적 성과를 중시하는 산업화의 요구가 거세질수록 이러한 현상은 더욱 심해질 수밖에 없다. 그러나 이러한 현상은 문화콘텐츠의 근간을 흔드는 결과를 만들어 낼 수밖에 없고, 결국 문화콘텐츠의 힘을 약화시키게 되어 공멸을 불러일으킬 수도 있는 무서운 결과로 이어질 수도 있다. 지금의 열매가 달다고 씨 부리기를 소홀히 해서는 안 될 것이다. 그럼에도 불구하고 산업의 속성은 문화콘텐츠를 지속적으로 압박할 수밖에 없다는 측면 때문에 문화콘텐츠에 관련된 종사자들의 문화에 대한 관심이 더욱 요구된다.

문화콘텐츠에 대한 산업의 요구가 지나치다고 해서 산업에 대한 부정적인 입장만을 취하는 것은 문제가 있다. 오늘날 문화콘텐츠 활성화의 원동력은 산업의 참여이다. 산업은 문화에 대한 열정보다도 경제적 이익이라는 냉정한 판단으로 문화콘텐츠에 투자하지만, 결과가 나온다고 해도 이익으로 연결되기 전까지는 수익은 없고 투자만 있는 상당히 위험한 모험일 수밖에 없다. 이러한 투자의 위험성에 대해서도 이해가 필요한데, 위험이 지나치면 산업적 관심은 썰물처럼 빠져나갈 것이고, 이것은 결국 문화콘텐츠를 고사시키는 결과를 만들어 낼 수밖에 없다. 이러한 이유로 산업의 요구에도 적극적으로 귀를 기울여야 한다. 산업의 움직임은 문화콘텐츠로 보다 많은 경제적 이익이 창출될 수 있다는 경제적 판단에 의한 것이지만, 문화

문화콘텐츠의 소통의 역할(문화 : 산업)

문화콘텐츠의 산업 구조

콘텐츠는 이로 인해 인적·물질적 지원이 풍부해지면서 다양한 결과를 만들어 내며 번성할 수 있다.

산업과 문화콘텐츠의 관계는 갈수록 밀접해질 수밖에 없을 것이고, 이에 따라 문화콘텐츠에 대한 산업적 요구도 갈수록 커질 수밖에 없을 것이다. 이러한 산업적 요구를 수용하면서도 문화적 특성을 살리는 것이 바로 문화콘텐츠 관련 분야의 난제이기도 하다. 이러한 난제를 헤쳐 나가는 방법에 대해서는 하나의 획일적 대안보다는 시대에 따라 사안에 따라 유연한 대처가 요구된다.

문화콘텐츠는 경제적으로 소비자에게 문화콘텐츠를 제공하고 경제적 이익을 얻는 구조로 되어 있다. 따라서 문화콘텐츠의 최종결정자는 소비자(대중)이다. 이러한 소비자의 결정이 문화콘텐츠의 완성도를 나타내는 절대적 기준이 될 수는 없으나, 문화콘텐츠의 산업적 속성상 매우 중요한 판단요소가 된다. 따라서 문화콘텐츠는 문화 자체보다 소비자인 대중에게 좀 더 관심을 가지게 되며, 이러한 성향은 산업적 성격의 영향이다. 따라서 문화와 문화콘텐츠는 근본적으로 차이가 날 수밖에 없는데, 문화란 작가가 무엇을 전할 것인가에 중심을 둔다면 문화콘텐츠는 수용자가 무엇을 좋아할까에 중심을 두게 되는 것이다.

문화콘텐츠에 대한 선택의 권리는 소비자에게 있다. 따라서 경제비용의 선택권도 소비자에게 있다. 문화콘텐츠가 완성되는 과정에서 경제비용이 발생하는데, 이러한 경제비용은 문화콘텐츠 창작 과정에서 보면 소비자에게 가까울수록 경제적 비중이 커지는 경향이 있다. 이는 경제적 소비주체가 되는 소비자에게 직접 전달되는 부분을 중요시해야 하는 현실적이고 경제적인 이유 때문이다. 이러한 비용은 일의 선후를 가리지 않고, 소비자인 대중과의 근접성, 즉 '대중성'이 가장 중요한 요소이다. 이와 같은 대중성은 문화콘텐츠의 성공을 위해 꼭 필요한 것으로, 투자는 소비자에게 어필할 수 있는 부분에 집중된다.

투자자는 소비자 예측 조사 등 온갖 방법을 통하여 어떻게 해서든 소비자의 취향을 알려고 노력한다. 하지만 엄밀하게 말해서 이러한 노력은 소비에 대한 예측일 뿐이다. 소비자에 대한 예측이 실제 소비와 꼭 맞아떨어지는 것은 아니어서 희비를 낳기도 한다. 그럼에도 불구하고 소비자 예측 조사를 바탕으로 한 데이터도 없이 무작정 문화콘텐츠에 투자를 할 수는 없기에, 이를 바탕으로 전체 비용에 대한 세부적인 항목에 대해 꼼꼼히 체크하고 배분하게 된다.

문화적 비용의 배분과정은 단순한 경제적 논리를 벗어나 문화원형에 집중

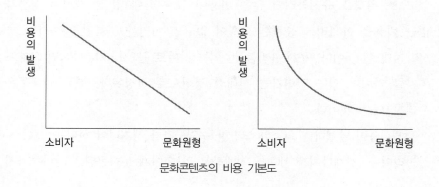

문화콘텐츠의 비용 기본도

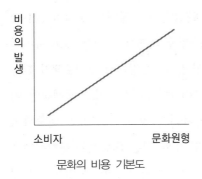

비용의 발생

소비자　　　　　　　　문화원형

문화의 비용 기본도

되어야 제대로 된 문화가 형성될 수 있다. 이러한 문화의 비용에 대한 배분은 문화콘텐츠와 차이를 보이는데, 문화는 순수한 원형에 가까우면 가까울수록 소비자의 성향보다는 원형적 가치에 대한 비중이 높아지게 되어 있어 일반적인 경제논리와는 큰 차이를 보인다. 문화원형은 일반적인 소비자의 기호변화를 따라갈 수 없기 때문에 소비자를 의도적으로 배제하려는 것은 아니지만, 결과적으로 배제될 수밖에 없다. 이를 극복하여 소비자에게 접근하려는 노력은 문화콘텐츠의 힘을 빌리지 않는다면 한계는 명확할 수밖에 없다. 이러한 변화를 변절 혹은 천박하다고 손가락질하는 경우도 있어 이러한 노력도 쉽지만은 않다.

여기서 문화정책의 딜레마가 발생한다. 문화에 대한 투자는 고비용 저수익의 구조가 고착화될 수밖에 없으니 마치 밑 빠진 독에 물 붓기 같다. 이러한 취약한 경제적 구조로 인해 문화 가치에 대한, 그 무형의 가치에 대한 제대로 된 시대정신이 없다면 문화는 아주 손쉽게 천대받는다. 남대문이 불타버려 국민이 분노했지만, 이러한 문화의 원형들은 별다른 수익구조가 나올 수 없고 또 원형을 유지하려면 많은 비용이 들 수밖에 없다. 가시적 성과가 없는 비용을 아끼려고 충분한 지원이 없다면 이러한 문화원형은 하나 둘 사라지게 될 것이다. 문화(원형)를 돈 먹는 하마로 볼 것인가, 아니면 그래도 투자할 가치가 있는 것인가는 시대적 정신으로 결정된다. 결국 남대문은 우리가 태운 것이다.

경제비용이 발생하면 최소한 그만한 수익구조가 생겨나야 한다는 것이 시장논리이다. 경제가치가 사회를 지배하고 있는 이때 문화콘텐츠도 마찬가지로 시장논리에 영향을 받고 있다. 이러한 경제논리는 기업이 문화콘텐츠에 투자하는 기본 요인이다. 수익은 다양한 형태로 발생할 수 있으나, 모든 수익은 궁극적으로 소비자의 구매에 의해 생겨난다. 이는 문화콘텐츠가 산업적 측면에서 왜 소비자를 중심으로 움직일 수밖에 없는 것인지를 명확히 보여준다. 따라서 문화콘텐츠의 개발비용은 소비자를 중심으로 지불될 수밖에 없다. 소비자는 왕인 것이다. 다시 말해 경제적 이익이 가장 큰 목표가 된다. 소비자는 문화에 대한 향유의 대가로 값을 지불하고, 제작자는 그 문화보다 경제적 이익에 중점을 둔다. 이러한 성향으로 문화콘텐츠가 문화원형에 대한 투자보다는 소비자의 취향에만 관심을 갖게 되어, 문화 자체를 소홀히 하는 경우가 생겨나게 된다. 더욱 큰 문제는 이러한 행위를 너무나 당연하다고 생각하거나, 경제적 이익만을 자랑거리로 삼는다는 것이다.

하지만 문화원형에 대해 관심을 소홀히 해서는 문화콘텐츠의 생명이 길 수 없다. 문화원형에 대한 투자가 비록 직접적으로 가시적인 경제성과로 나타나기는 힘들지만, 소비자는 문화에 대한 향유의 대가로 값을 지불한다는 점을 잊어서는 안 된다. 결국 문화콘텐츠는 소비자에게 어떠한 무형의 만족, 즉 어떠한 문화적 충족감을 주는 것이기에 그 생명력을 지닌다. 때문에 문화콘텐츠의 문화원형에 대한 투자는 매우 중요하다. 단기적인 수익만을 목표로 하여 문화원형에 대한 투자를 줄이면서 소비자의 입맛에만 맞추려는 근시안적인 접근이 반복되면 결국 문화콘텐츠는 근본적인 힘을 잃어버리게 된다. 문화콘텐츠가 산업적 입장을 적극적으로 받아들여야 하고, 또한 이러한 산업적 입장에 의해 많은 영향을 받아 움직일 수밖에 없지만 문화원형이 문화콘텐츠의 근원이라는 사실 자체를 잊어버려서는 안 될 것이다. 하지만 산업은 그 성격상 돈이 안 되는 문화원형에 투자하기가 쉽지 않다. 여기서 대두되는 것이 정부와 공공의 역할이다.

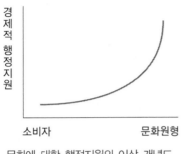

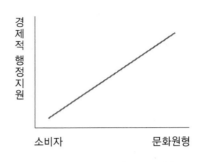

문화에 대한 행정지원의 이상 개념도   문화에 대한 행정지원의 기본 개념도

문화원형은 문화콘텐츠의 근본이다. 하지만 산업세력은 투자를 꺼려할 수밖에 없다. 따라서 이론적으로 보면 정부나 공공단체의 경제적·행정적 지원은 문화콘텐츠 산업과는 반대로 이루어져야 한다. 이러한 투자가 경제적인 성과를 얻기는 힘들지 모르지만, 궁극적으로 문화콘텐츠를 활성화하는 근원적 지원이기도 하다. 그러나 정부나 공공단체의 이러한 투자도 일어나기 쉽지 않다. 원인은 지원의 가시적 성과가 나타나기 힘들기 때문에 국민의 관심과 행정가의 높은 문화의식이 없다면 불가능할 정도이다. 행정투자에 가시적 성과가 나타나기 힘들다는 측면은 투표라는 제도로 국민의 선택을 받아야 하는 민주주의 사회에서는 언제나 아킬레스건으로 작용한다. 정치적으로나 행정적으로 '남대문을 보호하는 데 아무리 많은 돈을 써도' 본전치기일 뿐이고 또 알아주지도 않는다면, 사고만 나지 않고 문제만 발생하지 않을 정도로 지원을 줄여도 티가 나지 않는다면, 잉여 비용을 가시적인 전시행정에 돌리는 것이 다음 선거에 유리하다. 따라서 문화에 대한 투자는 국민의 수준에 맞춰질 수밖에 없다. 국민이 이러한 노력을 알아주지 않는다면, 또 중시하지 않는다면 문화원형에 대한 투자는 이루어지기 힘들며, 또한 가시적인 전시행정이 환영받는 사회에서는 문화원형이 발전하기는 힘들다. 결국 선택은 국민에게

있다. 민주주의 사회에서 국민이 주목한다면 행정은 움직이게 되어 있기 때문이다.

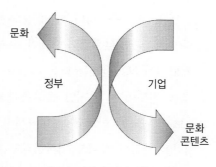

정부와 기업의 주된 지원 방향

경제적 혹은 행정적 논리로 문화를 다루면 안 되는 이유가 여기에 있다. 문화원형의 소중함에 비해 그 가변성이 너무 크기 때문이다. 최소의 비용으로 최대의 효과를 내려는 경제적 논리와 최소의 비용으로 최대의 가시적 성과를 내려는 행정적 논리 속에서 국민의 열화와 같은 성원과 감시가 없다면 문화원형에 투자하기 힘들다. 효율성이 중시되면 문화원형과 같이 당위성은 있으되 가시적 성과가 없는 부분에는 비용을 최소화하게 되고 한동안 별다른 문제가 없을 수도 있다. 그러나 설마가 사람 잡는다고, 남대문 참사와 같은 최악의 사고가 일어나는 것이다. 훼손된 원형을 복원하려면 훨씬 많은 막대한 비용이 발생하게 되며, 더욱 무서운 것은 복원한 남대문이 화재 이전의 남대문이 될 수 없듯이 한번 훼손된 문화원형은 어쩌면 복원되지 못하고 우리의 눈앞에서 영원히 사라질 수도 있다. 그렇다면 문화콘텐츠의 소재가 하나 사라지게 되는 것을 떠나 우리 정신의 일부가 허물어지고 마는 것이다. 정부나 공공단체의 가장 중요한 역할은 문화원형 발굴과 유지에 있다는 점을 잊지 말아야 할 것이다.

문화콘텐츠 시스템의 생성과 파생

문화콘텐츠는 대중과의 만남으로 이루어진다. 따라서 제작과정에 대해 살펴보는 것은 매우 중요하다. 현재 문화콘텐츠에는 산업화와 시대변화의 영향으로 다양하고도 새로운 제작단계가 속속 생겨나고 있다. 이로 인해 문화콘텐츠의 개별적이 제작단계는 더욱 복잡하고도 다양해지고 있어 일일이 열거하기도 힘들 정도이다. 하지만 문화콘텐츠 제작단계의 전체적인 흐름을 명확히 살펴보기 위해선 단계를 정형화시켜 볼 필요가 있다.

여기서 창작이 아니라 제작이라고 한 이유는 문화콘텐츠는 현장이 중시되기 때문이다. 문화콘텐츠는 전통적인 창작과는 다른 모습을 보인다. 수많은 고민과 번뇌로 대표되는 전통적인 창작에 비해 갈고 다듬는 현장작업인 제작으로 이해하는 것이 더욱 문화콘텐츠의 기본 성격에 접근한다. 기존에 창작을 주도했던 예술계나 인문학과는 다른 면모를 확실히 인지해야 한다. 문화콘텐츠의 많은 부분은 창작보다는 오히려 막노동에 가깝다는 점을 잊지 말아야 한다.

문화콘텐츠 발전에 따른 시대적 제작 단계의 변화를 제작에 따르는 중심점을 기준으로 살펴본다. 문화 창작에 있어서 무엇이 핵심인가를 중심으로 시대의 변화를 살펴보면, 원시 단계, 산업화 단계, 문화콘텐츠 단계 등으로 나누어 볼 수 있다. 여기에 기존 사회를 근본적으로 바꿔 놓았던 인터넷의 등장을 또 다른 단계로 보았다.

원시 단계는 소비자보다도 문화의 생산자 중심이었다. 문화적 공급이 부족하였던 시대의 배경에 맞게 제작 자체가 중요했다. 또한 특수한 경우를 제외하고 문화가 경제적 이익 등으로 연결되는 경우가 드물거나 소비의 대상이 한정되었기 때문에 홍보라는 것조차 따로 필요 없었다. 물론 일부 특수계층의 눈에 들어 부귀영화를 누리는 경우도 있었으나, 로또 복권과 같은 이러한 행운이 일반적인 제작의 흐름을 바꾸기는 힘들었다. 제작이 전부인 시대에 모든 권한은 제작자에게 있었다.

원시 단계	1단계	제작			
산업화 단계	2단계	제작	홍보		
문화콘텐츠 단계	3단계	기획	제작	홍보	
디지털 단계	4단계	기획	제작	홍보	소통

문화콘텐츠의 발전 단계

문화는 점차 산업화되면서 제작과 홍보(판매)가 분리되기 시작한다. 문화의 사회적 영향력이 곧 경제적 이익으로 연결된다는 사실이 인지되면서 새로운 형태인 판매를 위한 홍보가 중시되었다. 특히, 홍보는 경제적 이익으로 직접 연결되는 특성이 있어서 아주 쉽게 관심의 중점으로 떠오르게 되었다. 하지만, 제작에 관련된 제작자의 권한은 여전히 막강하였고, 사회적 영향력도 지대하였다. 산업화의 심화에 따라 점차 중점이 제작에서 홍보로 이전되었고, 점차 스타가 만들어지는 단계로 발전하게 된다. 이 시기에 이르러서는 제작에 관련된 제작자의 힘은 점차 약화되기 시작한다. 그러면서 새로운 분야인 기획이 등장하게 된다.

기획은 미래 예측과 체계적 관리의 다른 표현이다. 기획은 보다 합리적인 제작과 홍보, 그리고 흥행 성공을 위해 시작에서부터 판매까지의 모든 단계를 준비하고 조율하는 역할을 한다. 기획단계의 등장은 단순히 새로운 한 단계가 늘어난 것에 머무르지 않고, 기존의 문화 창작과 소비를 모두 흔들어 놓았다. 또한 본격적인 문화콘텐츠의 등장을 알리는 신호이기도 했다. 기획은 소비자의 성향에 대한 조사와 이를 바탕으로 한 자본의 유입과 판매까지 책임지면서 제작의 모든 단계를 지휘하는데, 이러한 방식은 예측 가능한 투자를 가능하게 하여 문화(콘텐츠)에 대한 산업의 관심을 불러일으킬 수 있었다. 산업의 관심은 투자로 이어졌고, 투자는 문화(콘텐츠)를 활성화시켰다. 하지만 반대급부로 이러한 흐름은 문화 자체보다도 흥행이라는 이익을 더 중요하게 볼 수밖에 없다는 속성으로 인해 문화산업에 있어 문화 창작자의 중요성은 크게 감소하였다.

이러한 과정에 대해 보다 자세히 살펴보면 다음과 같다.

1) 원시 단계(원맨쇼 단계)

원시 단계는 창작자의 '원맨쇼' 단계라고 할 만하다. 아직 투자자나 소비시장의 개념이 확실히 자리 잡히지 않은 시대로 소위 말하는 '대박'을 꿈꾸기 어려운 시대였다. 이 시기 가장 중요한 요소는 바로 창작자의 능력이었다. 자료 수집, 창작과 홍보 또한 개인에게 모두 맡겨진 고난의 시대였다. 문화적 창작은 부족했고, 소비시장이 성숙하지 않았기 때문에, 창작자 또한 어떠한 보상보다는 예술에 대한 혹은 창조에 대한 열정이 전부였다. 형성되지 않은 소비시장으로 인해 홍보도 별 소용이 없었고, 따라서 소비자를 의식하여 창작을 할 필요도 없었다.

사회적으로 지배층과 피지배층이 확연히 구분되어 있고, 권력이 일부계층에게 집중되어 있던 계급사회의 문화란 심지어 일부 계층이 향유하는 독점적인 존재와도 같았다. 창작자에 있어 일부 권력계층의 지원이 매우 중요한 경제적 젖줄로 작용하여 문화는 권력에 기생하는 모습으로 비춰지기도 하였다. 따라서 문화는 권력계층을 비판하면서도 이들의 비위를 맞춰야 했다. 그것은 다수의 소비자가 아닌 소수의 핵심 소비자가 더 중요했음을 의미하는 것으로 지금과는 많이 다른 모습이다.

권력의 시선에 들지 못한 대부분의 문화행위는 창작으로 생계를 유지할 수 있다면 만족하던 시기로 창작자를 이끌 수 있는 것은 오로지 열정뿐이었다. 결국 이때는 문화작품을 출시하고 공연할 수 있는 것만으로도 만족해야 하는 시대였다. 물론 인기 있는 공연이나 작품이 떠오르기도 하였지만, 이러한 흥행이 아직 창작자의 경제적 이익 등으로 직접 연결되지 않아 산업화 단계에 진입하지 못하였다. 하지만 시대의 발전에 따라 특히 상업계층의 등장에 따라 점차 소비계층이 늘어나고, 흥행이 이익으로 직결되거나, 연결될 수 있다는 가능성으로 점차 산업화하기 시작하였다.

2) 산업화 단계

산업화 단계로 진입했다는 전제는 문화를 새로운 시장으로 인식했다는 의미이다. 상업세력의 등장으로 권력과 경제력이 점차 다양한 계층으로 퍼져나가면서, 문화는 더 이상 소수의 독점적 소유물로 남아 있을 수 없었다. 일부 계층의 경제적 지원은 여전히 중요한 원천이었지만, 이외에도 흥행을 통한 이익이 생겨나기 시작했다. 이러한 흥행을 통한 이익의 비중이 점차 커지면서 산업화의 길로 접어들게 되었다.

산업화 단계는 문화 창작의 분업화로 연결되었고, 대중적인 스타가 탄생하기도 하였다. 창작의 분업화는 집단 창작의 가능성을 열어 놓는 과정이기도 하였다. 집단 창작이지만 그 안에는 주도적인 역할을 하는 창작자와 그를 돕는 수많은 보조자들이 생겨나게 되었다. 자료 수집, 분석, 정리 등을 모두 1인이 처리하던 시대와는 많은 차이점을 보여 준다. 이러한 추세는 창작의 규모가 커지는 대작의 출현과 밀접한 관계가 있었다. 흥행을 위해, 즉 경제적 이익을 위해 대중인 소비자의 눈을 사로잡기 위해 무언가 새로운 시도가 요구되었으며, 점차 치열해지는 경쟁도 작품의 거대화를 부채질했다. 따라서 많은 새로운 요소와 분야가 도입되면서 창작과정은 더욱 세분화되었다. 대규모 창작은 1인에 의한 소규모 창작과는 여러모로 다른 모습으로 점차 집단창작으로 연결될 수밖에 없었다. 대규모 창작은 실패에 따른 위험부담이 커진다는 의미에서 더욱 흥행에 대한 확실한 보증이 필요했다. 투자에 대한 최소한의 보장 장치가 바로 스타였다.

대중스타의 탄생은 흥행을 좌우하는 중요한 요소가 되었고, 이는 홍보라는 새로운 단계와 직접적으로 연결되면서 산업화의 추세를 더욱 앞당기게 되었다. 또한 스타라는 보증 수표는 더욱 큰 투자를 가능하게 하여 창작의 규모는 갈수록 커지게 되었다. 스타가 필요해짐에 따라 스타를 만들기 위한 다양한 시도가 생겨나게 되면서 주목받게 된 것이 바로 홍보 분야였다. 홍보는 기본적으로 창작의 결과를 소비자에게 알리는 행위지만, 때로는 홍보를 통해 새로운 스타를 만들어 내기도 하였다. 홍보를 통한 스타 탄생의 가능성이 제시되면서 점차 홍보가 중요한 역할을 하게 되었다. 변화에 따라 창작은 여전히 중요한 부분으로 남아 있었지만, 예전에 비해서는 중요성이 현격히 낮아질 수밖에 없었다.

결국 집단창작과 스타의 탄생은 거대한 규모의 창작을 이끌어 냈지만, 오히려 다양한 문화 창작보다는 성공한 창작의 아류작을 쏟아 내는 현상을 불러오기도 했다. 심지어 흥행이 중시되다보니 창작의 본질이 흐려지면서 점차적으로 스타를 위한 창작까지도 시도하게 되었다. 이러한 스타를 타깃으로 한 창작은 결국 기획에 의한 창작을 의미하는 것으로 이제 문화 창작은 또 다른 단계로 접어들었음을 의미한다. 결국 처음부터 기획에 의한 창작이 시작되면서 문화 창작은 점차 문화콘텐츠 단계로 넘어가게 된다. 이 단계에 이르러서는 창작의 힘은 더욱 약화되었고, 기획과 홍보의 일부분으로 취급되는 경우까지 발생하게 되었다.

3) 문화콘텐츠 단계

문화콘텐츠 단계에 이르러서는 이전과는 전혀 다른 형태의 창작이 이루어진다. 이제 더 이상 창작자가 주도하는 형태가 아니라, 기획이 주도하는 창작의 형태로 변화한다. 창작자의 열정은 여전히 중요하지만, 그렇게 창작된 결정체조차 기획이 다시 재검토하는 과정을 거쳐야만 소비자에게 전달되게 된다. 특히 거대한 작품일수록 이러한 기획의 중요도는 더욱 높아지는 추세로 기획은 투자, 섭외, 창작, 일정, 홍보 등 문화콘텐츠 전반을 관리한다. 또한 모든 과정은 점차 하나의 도식처럼 변해 가면서, 기본적인 관리 매뉴얼까지 등장하게 된다.

이러한 변화 속에 기획을 제외한 순수한 창작은 순진한 행위로 받아들여지게 되었으며, 일련의 과정이 너무나 도식화되어 문화 자체의 속성마저 잃어버리는 현상까지 발생하게 되었다. 창작이 여전히 문화콘텐츠의 핵심임에도 불구하고 여러 단계의 일부분으로 취급되는 경향까지 생겨나게 되었다. 예를 들어 창작에 있어서 문자의 중요성을 파악해 보면, 문자라는 창작의 주체도 그 중심점을 잃어버리는 현상이 발생하였다.

예전의 창작의 기본은 문자였다. 특히 스토리가 등장하는 문화에서 문자는 빠질 수 없는 영향력을 발휘하였다. 그러나 만화의 등장에서 예견할 수 있었듯이, 이제 창작은 더 이상 문자에만 의지하지 않게 되었다. 김탁환의 말을 들어보자.

> "그들(애니메이션을 전공하는 학생)은 더 이상 이야기 문학에서 소설의 우위를 인정하지 않으며, 소설로부터 다른 이야기들이 파생되어야 한다고 생각하지도 않는다. …… 이야기를 만드는 것이 더 이상 소설가나 극작가의 고유한 일이 아니라는 징후가 곳곳에서 드러나고 있다. …… 기존의 소설가들이 대부분 책을 통해 자신의 문학세계를 구축하는 반면, 이들은 만화나 영화, 게임을 통해 많은 이야기들을 이미 접한 것이다. …… 이야기는 이제 더 이상 문학이 우선적으로 선점할 수 있는 것도, 인문학적인 영역에 속한 것도 아닌 무엇이 되어간다."*

결국 스토리를 만드는 데 있어서도 문자 없이 이미지와 영상으로도 얼마든지 훌륭한 문화콘텐츠가 창작된다는 사실을 알 수 있다. 이제 더 이상 문화콘텐츠의 중심이 문자가 아니라는 사실은 기존의 인문학에 던지는 메시지가 적지 않다.

기획의 등장은 문화에 있어 산업화의 심화과정이다. 이처럼 산업화가 심화될수록 제작의 중점이 창작자에서 소비자로 변화하고 있다. 제작을 둘러싼

---

* 김탁환. "고소설과 이야기문학의 미래", 『고소설연구』 제17집. 한국고소설학회, 2004, 8쪽.

환경도 크게 바뀌어가고 있지만, 구조적 변화에서도 불구하고 핵심은 여전히 제작에 있다. 비록 일부 문화의 산업화 과정에서 이런 중요성이 망각되기도 하지만, 제작이 없으면 소비자와 산업자본을 이어 줄 매개체가 없기 때문에 존재 자체가 불가능하다. 따라서 소비자가 아무리 중요해도 여전히 중심은 창작자에게 있는 것이다. 따라서 장기적인 시각으로 창작자에 대한 투자는 지속적으로 이루어져야 한다.

제작구조의 변화는 창작의 성격도 어느 정도 바꾸어 놓았다. '창작자가 하고 싶은 말을 하는' 창작에서 '대중이 듣고 싶은 말을 해주는' 기획으로 점차 변화한 것이다. 이에 따라 콘텐츠 제작자인 '뛰어난 작가'라는 기준도 능력 있는 전지자적인 인물에서 스타성 있는 대중적인 인물로 변화했다. 창작자의 선택도 예전에는 문화적 성과가 뛰어난 계몽주의적 성격이 강하였으나, 요즘은 '대중에게 알려지면 쓸 수 있다'는 엔터테이너의 입장으로 바뀌어 가고 있는 것이다.

또한 창작자와 소비자와의 소통구조도 크게 변화하였다. 예전에는 창작자와 소비자가 직접 소통한다는 것은 거의 불가능하거나 소수의 특별한 기회에만 가능하였다. 그러나 지금은 전혀 다른 상황으로 변해 있다. 이러한 만남은 소통이라는 아주 중요한 가치를 던져 주었으나 그 대가로 창작자의 신비로움이 사라지는 아픔도 주었다. 본격적인 창작자와 소비자 사이의 소통은 아날로그 시대를 벗어나 컴퓨터와 인터넷이 등장한 디지털 시대에 들어서면서 본격적으로 가능했다. 시공간적인 제한을 뛰어넘는 만남을 가능하게 해준 인터넷은 창작자에게는 또 다른 환경이었으며 또 다른 도전이었다. 새로운 환경에서 문화는 기존의 전달경로를 잃어버리는 위험에 직면해 도태될 수도 있으나 문화콘텐츠와의 만남을 통해 확장될 수도 있는 기회를 맞을 수도 있었다. 변화는 선택을 강요했다.

이러한 세 가지 단계의 흐름을 출판에 대비해 보면 쉽게 파악할 수 있는데, 예전에는 작가가 글을 쓰고 그 출판에 따른 보상도 제대로 받을 수 없었다. 또한 유행이 작가가 생존하던 시기와 불일치하는 경우도 많았다. 이때 창작의 요소는 대부분 열정이었다. 사회 변화와 출판기술의 발전에 따라 점차 출판주기가 짧아지고, 흥행에 대한 반응이 빨라짐에 따라 점차 베스트셀러 작가가 생겨나기 시작하였다. 이때부터 점차 소비자에 대한 홍보가 이루어지기 시작하면서 출판사와 작가가 역할 분담을 하게 되었다. 이러한 변화로 인해 작가도 창작의 방법에 변화를 주어야 했고, 베스트셀러를 위해 작가는 자료 수집 등에 보조 작가들을 활용하기 시작하였다. 이때까지만 해도 모든 출판은 1차적인 책을 판매하는 것에 목표를 두었다. 하지만 영화나 TV드라마 같은 새로운 매체와의 연대가능성이 높아지면서, 이러한 새로운 매체가 출판보다도 더 큰 규모의 경제단위로 등장하면서 창작이 책의 판매에서 머무르지 않고 2차, 3차 저작권까지 고려하게 되었다. 또한 창작도 책의 형태를 벗어나 시나리오, 만화, 애니메이션 등 다양한 형태로 변화하였다. 역으로 다른 형태로 창조되어 책으로 재구성되기도 한다. 창작과정이 다양한 형태로 변화하면서 창작자가 이 모든 것을 해내기가 불가능해지면서 기획이라는 새로운 분야가 떠오를 수밖에 없었다. 이러한 발전과정에서 창작의 단계는 더욱 복잡해져 갈 수밖에 없었다. 다만 한 가지 주의할 점은 비록 현재 사회는 문화콘텐츠 단계로 발전하였지만 여전히 원시 단계와 기업화 단계가 완전히 소멸된 것은 아니라는 사실이다. 이들은 여전히 생존하고 있으며, 무시할 수 없는 영향력을 보여 주면서 나름대로의 성과도 거두고 있다는 사실이다.

4) 디지털 단계

인터넷이란 도구가 정보와 소통의 장으로 등장하면서 사회구조를 크게 바꾸어 놓았다. 이러한 변화는 창작자와 소비자의 관계에도 그대로 이어진다. 인터넷을 통한 창작자와 소비자(대중)의 소통이 시작되자, 처음에는 창작자와 소통할 수 있다는 자체가 흥분되는 일이었기에 창작자에 대한 소비자의 호기심과 참여도를 높이는 결과를 만들어 낸다. 그러나 얼마 지나지 않아 너무나 자세한 정보와 정보에 대한 손쉬운 접근으로 호기심은 곧 익숙함을 넘어 식상함으로 바뀌게 된다. 또한 이러한 소통이 일반화되면서 인터넷의 속성상 창작자도 누리꾼과 동등한 입장에 놓이게 된다. 창작자와 소비자의 동등한 입장은 분명 권위주의의 해체이며 평등한 관계지향이라는 긍정적인 측면이 있지만, 그 구조적인 한계로 인한 부정적인 측면도 양산했다. 인터넷은 창작자와 소비자의 거리를 줄여 주고 대등한 소통을 이루어 주었지만 창작자와 소비자는 일대 다수라는 입장에 놓이게 된다. 1 : 1 대화가 불가능한 것은 아니었으나 일대 다수는 대등한 관계가 아니어서 오히려 창작자에게 불리한 입장이 되기 쉽다. 여기에 스토커와 악플로 대표되는 누리꾼이라도 등장하면 상대하기도 그렇다고 안 하기도 힘든 곤란한 상황이 되기도 했으며, 또한 이러한 행위 자체가 창작보다는 소비자를 상대하는 데 지나친 열정을 소모하는 결과로 이어지기도 했다. 인터넷은 이미 생활화되어 창작자가 누리꾼과 직접 대화를 하지 않더라도 인터넷의 댓글 등을 통해 소비자의 반응을 체크하게 되는 등 너무 민감해진지 오래고, 또한 이러한 과정을 통해 '문화(콘텐츠) 창작자'에

POD(Printed On Demand)

주문형 서적. 인터넷을 통해 특정의 책을 주문하면 곧바로 인쇄에 들어가 책을 만들어 주는 서비스를 말한다. 인스턴트 북(instant book)이라고도 한다.

대한 신비로움은 상당히 약화되었다.

인터넷 시대에는 창작자와 소비자 사이의 소통이 쉬워졌다는 점 이외에 일반 소비자의 문화콘텐츠의 제작이 용이해졌다는 특징도 있다. 예를 들어 책을 만든다는 것은 컴퓨터가 등장하기 전까지만 해도 '일부 특수한 사람만 할 수 있는 일'이었으나 POD(Printed On Demand)를 통한 1인 출판까지 등장한 지금은 '누구나 할 수 있는 일'로 바뀌어 버렸다. 동영상을 다루는 것도 '선택된 소수의 사람만 할 수 있는 일'에서 '마음만 먹으면 누구나 할 수 있는 일'이 되었다. 일반인이 근접할 수 없는 블록버스터 영화가 계속 만들어지고 있으나, 일반인에 의해 제작되는 UCC는 또 다른 영역을 만들어 가며 때로 패러디 등으로 블록버스터를 비웃고 있다. 손쉬운 제작과 많은 창작이 그 수준까지 담보할 수는 없지만 창작에 대한 경의와 신비로움은 상당히 약화된 것이 사실이다.

창작자와 소비자의 관계 변화를 한마디로 비유하자면, 창작자와 소비자의 관계가 일방적인 연설을 듣던 입장에서 마주앉아 토론하는 상황으로 바뀌어 버렸다. 예전에는 궁금한 점이나 불만이 있어도 뒷골목 술집의 안줏거리로 사라졌으나, 지금은 블로그 등을 통해 창작자와 직접 소통하려고 하거나, 아니면 또 다른 소비자와의 대화를 통해 하나의 의견이 되고 주장이 되어 버린다. 이러한 반응의 활성화는 분명 긍정적인 측면이 있으나, 또한 인터넷 게시판이 무섭고, 댓글이 두려운 창작자가 늘고 있는 것도 분명한 사실이다. 예전의 창작자는 우월적인 입장에서 선별적으로 이러한 반응에 대응할 수 있었으나, 지금의 창작자는 오히려 불리한 입장에서 쩔쩔매는 상황이 되어 버린 것이다. 이러한 영향으로 인터넷이란 소통의 시대를 거부하는 창작자도 늘고 있다.

결과적으로 인터넷의 실용화로 인해 동경과 존경을 받던 신화적 위치에 있던 제작자는 점차 대중과 동등한 위치로 내려오게 되었고, 이에 따라 창작자의 신비로움도 많이 사라지게 되었다. 이것이 바로 새로운 시대에 새로운 창작자의 자세가 요구되는 이유이기도 하며, 문화콘텐츠 전문가가 주의해야 할 부분이기도 하다.

디지털 시대는 문화콘텐츠 제작과정에서 소비자의 성향 파악이 용이해졌다는 장점이 존재한다. 기획 단계부터 소비자와 함께 하는 경우까지 등장하는데, 소비자는 때로는 펀드 형식의 자본가의 모습으로, 때로는 스토리텔링, 창작, 홍보 단계 등에 다양한 방식으로 참여하기도 하며, 심지어 개발자가 의도적으로 참여를 유도하기도 한다. 소비자의 참여는 문화콘텐츠에 대한 즉각적인 반응을 살필 수 있어 개발자에게 유용한 정보로 활용될 수 있다. 또한 소비자의 다양한 참여와 반응은 문화콘텐츠의 산업적 측면에 대한 안전판으로 인식되는 경우가 많아 더욱 증가할 것으로 보인다.

그러나 즉각적인 반응은 또 다른 방면에서 너무 즉흥적이거나 단기적인 성향을 보일 수도 있다. 즉각적인 반응은 열풍을 일으킬 수도 있지만 그 생명주기가 짧다는 단점도 있다. 노래 순위 차트만 봐도 그렇다. '기다림의 미학'이 사라진 지금 대중의 즉각적인 반응은 더 뜨거워졌으나 생명주기는 더욱 짧아졌다. 인기주기가 더욱 짧아졌다는 것은 어렵게 만들어진 문화콘텐츠에 커다란 장애물로 인식될 수밖에 없다. 인터넷의 등장으로 컴퓨터 자판만 두드리면 모든 정보가 쏟아지는 상황에서 신선함을 유지하기란 쉽지 않기 때문이다. 익숙함은 공감을 이끌어 내는 친숙함으로 작용하기도 하지만 매너리즘, 즉 식상함으로 작용할 수도 있다. 또한 제작의 용이함은 아류작품의 출시도 쉽게 하여 성공한 문화콘텐츠도 그 자리를 유지하기 위해 힘겨운 싸움을 해 나가야 하는데, 기획 단계부터 모든 사항을 고려해야 한다. 기획 단계의 등장은 문화콘텐츠를 둘러싼 모든 변화에 능동적인 대처하기 위해 등장한 필수적인 단계로 모든 단계의 핵심으로 떠오를 수밖에 없는 측면이 강하다. 여기에 인터넷의 보편화로 활발해진 소비자와의 소통과 참여가 문화콘텐츠의 운명을 좌우하는 새로운 요소로 등장한 것이다.

문화콘텐츠 창작(제작)은 어떠한 문화원형을 대중에게 전달하기 위해 매개체에 적합하게 변용되는 모든 과정이다. 문화적 내용은 영화, 게임, 공연, 인터넷 등 각각의 매체나 장르에 맞게 바꾸는 역할이다. 따라서 문화콘텐츠 창작을 기획을 할 때는 대중의 반응에 못지않게 기술적으로도 실현이 가능한지를 살펴야 한다. 실현 불가능하여 설계도로만 남는 건축물이 되어서는 안 될 것이다. 비록 제작이 쉬워졌다고는 하나 문화콘텐츠 전문가는 문화콘텐츠 전반의 관련 기술의 발전과 변화를 주의 깊게 확인하는 것이 매우 중요하다.

디지털 시대의 문화콘텐츠

IT가 보편화된 디지털 시대는 기존의 아날로그적 가치관을 뒤엎으며 모든 사회적 기준을 디지털화하고 있다. 디지털은 시간과 장소의 제한 없이 원하는 모든 정보를 얻어낼 수 있게 만들었고, 만들어 가고 있다. 몇 권으로 된 두껍고 무거운 사전은 얇고 가벼운 전자사전으로 바뀌어 가고 있고, 책의 보고였던 도서관도 모든 정보를 점차 디지털 데이터로 바꾸어 가고 있다. 와이브로로 대표되는 무선통신마저 일반화된다면 장소와 시간에 구애받지 않고 어디에 있더라도 어떠한 정보도 얻을 수 있고, 또한 누구와도 교류할 수 있게 될 것이다. 이러한 변화는 단순한 외형적인 부분에 머물지 않고, 사회 전반을 근본적으로 바꾸어 놓고 있다.

문화콘텐츠가 사회적 화두로 등장하
면서 주목을 받은 것은 디지털 시대의
등장과 매우 밀접한 관계가 있다. 무한
복제라는 디지털의 특징이 인터넷이라

는 소통의 장을 만나면서 사회 전반을 바꾸어 놓았는데, 문화콘텐츠도 이러한
영향을 그대로 받게 되었다. 위에서 설명했듯이 인터넷의 등장은 창작자와
소비자의 관계를 획기적으로 바꾸어 주는 계기가 되었고, 문화콘텐츠의 제작
도 한결 쉬워지면서 소비자는 더욱 자극적이거나 스케일이 큰 작품을 기대하
게 되었다. 가창력이 떨어져도 디지털의 힘으로 가수가 될 수 있고, 무형의
게임 아이템 거래액이 2007년 국세청 추정으로 1조 5,000억 원에 이르는
등 예전에 볼 수 없었던 새로운 사회현상이 등장하고 있다.

이러한 디지털 시대의 등장으로 문화콘텐츠는 부분적이고 외형적인 변화
에 그치지 않고 보다 본질적인 영향을 받았는데, 특히 산업적인 측면이 그러
하다. 문화콘텐츠는 그 속성상 산업적인 측면이 매우 큰 영역을 차지하고
있는데, 디지털 시대는 문화에 관련된 생산, 유통, 판매에 관련된 모든 과정을
바꾸어 버렸다. 이러한 변화는 아날로그 시대와는 전혀 다른 새로운 상황으
로 기존의 틀을 완전히 바꿔야만 했다.

여기서 유념할 부분은 우리나라가 세계에서 유래를 찾아보기 어려울 정도로
아날로그 시대에서 디지털 시대로의 전환이 빨랐다는 점이다. 정보화 시대로
대변되는 IT기술은 빠르고 급격하게 일상생활 속에 도입되고 상용화되어 전체
사회를 변화시켰다. 핸드폰이 일상화되고, 인터넷이 보편화되는 가시적 변화
이외에도 사회의 정보소통, 경제활동 등 근간의 흐름이 달라지면서 사회는
요동쳤다. 수많은 긍정적인 요소에도 불구하고 시대 변화에 상응하는 문제점
이나 그에 따른 대응 방법에 대해서는 미처 생각할 틈도 없는 단기간에 '침입'

이라는 단어가 연상될 정도로 아주 쉽게 일상을 파고들었다. 또한 급격한 사회 변화에도 불구하고 마땅히 참고할 국외 자료나 비교 대상조차 찾을 수 없는 상황이었다. IT시대를 우리가 이끌었기 때문이다. 예를 들어 우리는 2002년 대선에서 '노사모'로 대표되는 인터넷을 기반으로 한 정치운동을 경험했지만, 미국은 버락 오바마가 등장한 2008년 대선에서야 인터넷이 본격적인 위력을 발휘했을 정도로 우리는 빨랐다. 당시 외국에서도 유사한 형태가 일부 존재했지만 우리나라처럼 사회 전반에 영향을 줄 정도로 파괴력이 있는 것은 아니었다. 우리 사회가 상대적으로 앞서 있다는 것은 긍정적이지만, 이는 부작용도 앞서 경험한다는 의미이다. 결국 사회와 디지털, 문화와 디지털의 만남과 그로 인해 파생되는 수많은 긍정적·부정적 변화들은 우리가 세계에서 처음으로 겪는 상황이나 마찬가지가 되었던 것이다.

하드웨어적으로 디지털은 매우 빠르게 사회 깊숙이 파고들었지만 의식의 변화는 쉬운 것이 아니어서 사회 변화를 따라갈 수가 없었다. 이러한 현실과 의식의 모순은 어쩌면 당연한 것이었다. 특히 세대 차이는 극명하여 새로운 문제점으로 떠오르기도 하는 등 다양한 현상이 나타나고 있으나, 지식인도 이러한 변화에 당황하기는 마찬가지였다. 때문에 디지털의 등장이 사회생활에 어떠한 영향을 주는지에 대한 실태 조사조차 제대로 못하거나 초보적 단계에 머물러 있는 상황이었다.

디지털이 문화 전반에 끼친 영향도 직접적이었다. 예를 들어 디지털 음악의 선두주자인 mp3는 우리나라에서 빠르게 보편화되었다. 이로 인해 음반산업은 전체적으로 매우 큰 영향을 받게 되었는데 역시 우리가 처음 겪는 문제였다. mp3가 이렇게 빠르게 보편화된 사례도 거의 없었고, 이러한 변화로 음반산업 전체가 급격한 위기를 겪은 나라도 드물었다. 결국 디지털 시대와 문화콘텐츠라는 화두는 한동안 우리 사회가 이끌어갈 수밖에 없는 문제였음에도 우리는 이를 직시하지 못했었다. 이러한 변화는 또 다른 측면에서 지식인 사회를 혼란에 빠뜨리기도 했다. 근대화를 거치면서 우리 사회는 철학, 과학, 언어, 문학, 문화 등 다양한 외국의 학문을 수입할 수밖에 없었는데, 이러한 상황이 지속되다 보니 기존의 학문은 대부분 자체생산보다는 앞서 있는 사회라고 믿었던 외국의 학문을 수입해야 한다는 고정관념에 빠져 있는 경우가 많았다. 그런데 디지털 시대에 따른 사회 변화는 우리 사회가 처음으로 겪는 문제로 등장하자 당황할 수밖에 없었다. 우리가 처음이다 보니 외국에 마땅한 사례도 드물었기에 우리가 스스로 분석하고 이론을 만들어 내야 하는 상황이었다. 지식인 사회도 낯선 경험이었지만 이러한 시대적 변화에 적응해야만 했다.

디지털 시대는 우리에게 변화를 요구했고, 모든 분야는 이에 맞추어 변환되어야 했다. 디지털 시대에 맞춰 변화하지 않으면 생존할 수 없는 냉혹한 현실이었다. 문화의 영역도 마찬가지여서 기존에 통용되던 영역의 범위와 장르의 흥행조차도 뒤집어 놓을 정도로 혼란스러웠다. 그러나 급격한 변화를 외면한다고 해결될 수도 없었고, 피할 수 있는 방법조차 없는 상황에서 각각의 문화 영역은 적응하려고 노력할 수밖에 없었다. 이러한 변화에 문화콘텐츠는 디지털 시대의 최대의 수혜자로 등장하게 된다.

예를 들어 디지털의 무한복제는 문화의 전파에 큰 장점을 지닌다. 그러나 이 장점이 기존의 음반산업에는 치명타를 입히는 결정적인 역할을 하게 된다. 음반 시장은 모바일 음원과 같은 일부 새로운 시장을 개척하기도 하지만 시장의 전체 규모는 크게 감소하고 만다. 하지만 뮤지컬은 새로운 인기를 얻으며 흥행에 앞장서게 되었고 규모도 갈수록 대형화되고 있다. 왜 음반산업은 침몰하고 뮤지컬은 흥행하는가, 이 현상이 단지 우연의 일치일지 아니면 시대적 변화에 따른 필연적 변화인지 살펴볼 필요가 있다. 음반산업과 뮤지컬의 상반

된 모습은 디지털 시대의 문화와 문화콘텐츠의 변화의 특성과 미래에 대해 설명할 수 있는 좋은 예가 될 것이다.

음반산업에 치명타를 입힌 디지털의 특성은 바로 무한복제이다. 아날로그와 달리 디지털에서는 원본과 복사본은 품질에 아무런 차이가 없다. 디지털에서 원본과 복사본을 구분한다는 개념 자체가 아날로그적인 '이상한 사고'일 뿐이다. 이러한 장점은 정보공유와 데이터의 확장에 결정적인 역할을 한다. 그러나 부정적 측면으로 디지털 콘텐츠의 무단사용, 도용 등의 부작용도 만만치 않다. 무분별한 복제와 확산은 결국 저작권이라는 법률적인 통제가 유일한 해결책처럼 등장하고 있으나 소비자에 대한 직접적인 과도한 법률행위는 시장자체를 줄이는 역효과를 야기할 수 있다. 이처럼 법률에만 의지하는 것은 근본적인 대책이 되기에는 현실적인 어려움이 존재하는 것도 사실이다. 무한복제는 빠른 확장으로 이어져 소비자에게 어떠한 작품을 인지시키는 데 큰 도움을 주기 때문에 예고편과 같은 부분적인 콘텐츠를 제공하는 것으로 애용되고 있지만, 전체 콘텐츠도 이러한 경로로 불법 유통되어 문화콘텐츠의 흥행이 사업자의 경제적 이익으로 연결되지 않는 치명적 아픔을 던져 주기도 한다. mp3로 대표되는 디지털 음악이 활성화되면서 음반산업이 이러한 특성의 직격탄을 맞은 것이다.

음반산업의 변화를 좀 더 살펴보면 1990년대 말까지 호황을 유지하던 음반산업은 지난 10년 사이에 매출액이 1/10로 줄어들 정도로 극심한 불황을 겪고 있는데, 이러한 불황이 일시적인 현상이 아니라 구조적인 문제라는 점에 심각성이 있다. 음반산업의 불황은 세계적인 추세이지만, 그래도 아직 우리처럼 심각하지는 않다. 국제음반산업협회(IFPI : International Federation of the Phonographic Industry)가 밝힌 것처럼 외국은 지금에서야 mp3와 같은 디지털 시대로 진입하려고 하고 있다. 우리나라 음악 관련 단체에서는 인터넷이나

mp3의 보급이 음원의 불법복제와 직접적으로 맞물려 있으며 결국 디지털 기술의 일반화가 음반산업의 불황으로 직결되었다고 보고 있다. 결국 컴퓨터, 인터넷이 빠르게 보급되

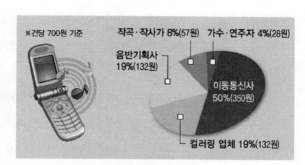

※건당 700원 기준

작곡·작사가 8%(57원) 가수·연주자 4%(28원)

음반기획사 19%(132원)

이동통신사 50%(350원)

컬러링 업체 19%(132원)

휴대전화 컬러링 요금 배분 내역
자료 : 한국음원제작자협회

었고 mp3에 관련된 기술력이나 보급이 세계적으로 앞서 있는 우리나라에서 음반산업은 최악의 조건을 갖추고 있는 것이다.

이제 더 이상 소비자가 음반을 감상용으로 사는 시대가 지나간 것이다. 그들이 원하는 것은 '소장'을 위한 CD같은 음반이 아니라, '감상'할 수 있는 음원으로 충분했다. 그들은 과거와 마찬가지로 음악을 즐기기를 원했지만 더 이상 소비를 원하지 않았다. 그들이 필요한 음원은 '벅스', '소리바다', '멜론', '도시락'과 같은 음원 스트리밍 사이트나 P2P를 통해 충분히 구할 수 있었다. 결국 그들을 다시 '소비'하도록 만들려면 뭔가 새로운 요소가 필요하게 되었다. 결국 디지털로 느낄 수 없는 그 무엇인가를 포착해 내야만 했다.

이러한 가능성으로 보이는 것 중에 하나가 바로 모바일 음원이다. 핸드폰의 '컬러링', '벨소리' 같은 것에 사람들은 '감상'이 아니라 '소비'를 한다. 문제는 이러한 새로운 루트에 대해 아직 음반산업이 제대로 대처하지 못해 많은 수익을 중간 유통 업자에게 넘겨 주고 있다는 점이다. 이는 거대 중간 유통 업자들의

> **스트리밍(streaming)**
> 인터넷 상에서 음성이나 영상, 애니메이션 등을 실시간으로 재생하는 기법. 따라서 재생하기 위해 하드디스크의 용량에 제약받지 않는다. 음성이나 영상 분야의 기술 발달로 인터넷 방송 프로그램 등에 꼭 필요한 표현 기술이 되었다.

횡포이지만, 결국 시대변화에 미리 대처하지 못하고 자신의 몫을 제대로 챙기지 못한 것으로 음반의 황금기에 취해 새로운 변화에 능동적으로 대처하지 못한 대가라고 하겠다.

사회가 급변하였지만 대중은 여전히 음악을 사랑한다. 그러나 대중은 다만 감상하려고만 할 뿐 더 이상 소유(소비)하려고 하지 않는다. 음원을 손쉽게 구할 수 있는 음악은 이미 소비하는 콘텐츠가 아니라 공짜라고 인식되고 있다. 이러한 현상은 소비자에게 있어 음악은 그저 공짜라도 들으면 되는 것일 뿐, 다른 소유(소비) 가치를 느끼지 못한다는 것을 의미한다. 그러나 모바일 음원 시장은 번성하고 있다. 모바일 음원은 전체 음원도 아닌 일부의 음원에 돈을 들여 소비한다. 단순한 음악이 아니라 자신을 표현하는 하나의 수단, 자신과 일치시켜 어떠한 가치를 부여하기에 소유(소비)하고 싶어지는 것이다. 결국 이러한 무엇인가를 던져 주는 것만이 음반산업이 살아나는 유일한 수단인 것이다. 이러한 측면에서 뮤지컬의 흥행을 주목해 볼 필요가 있다.

뮤지컬의 흥행은 아날로그의 부활을 의미한다. 디지털에 대해 '돼지털'이라는 부정적 시각을 가질 필요도 없지만 디지털이 모든 것을 해결할 것처럼 보는 것도 문제가 있다. 디지털은 결코 만능이 아니다. 이러한 디지털의 한계에 대한 명확한 객관적인 시각과 인식이 필요하다. 비록 성격은 다르지만 같은 음악이라는 공통점을 가지고 있으면서도 음반산업은 침몰하고 뮤지컬은 떠오르고 있다. 1980년대 이미 〈아가씨와 건달들〉과 같은 흥행작품이 존재하였지만 뮤지컬이 사회적 관심 사안으로 떠오른 것은 최근의 일이다.

이러한 뮤지컬의 흥행에 대해 삼성경제연구소(SERI) 기술산업실 수석연구원 고정민은 "현재 국내 뮤지컬 시장의 규모는 약 1,000억 원 정도입니다. 뮤지컬산업을 제외한 공연산업은 전반적으로 정체를 벗어나지 못하고 있습니다만, 뮤지컬산업은 매년 약 20% 정도의 성장을 지속하고 있고 2005년에는 무려 38%나 성장했지요. 공연편수 기준으로 보아도 2005년 무대에 올라간 뮤지컬의 수는 1,000편 이상으로 2004년 740편에 비해 크게 증가했습니다. 뮤지컬의 관객은 전체 공연관객의 40%를 차지하며, 뮤지컬 티켓 가격도 다른 공연보다 높기 때문에 뮤지컬 매출액은 총 공연매출의 50% 이상을 차지하고 있지요. 한편 뮤지컬의 관람 연령층은 주로 20~30대로서 이들이 전체 관람객의 70% 이상을 차지하고 있습니다. 티켓 가격이 다른 문화상품에 비해 높은 편이라서 영화나 음악의 주요 타깃이 10대에서 20대 초반인데 반해, 상대적으로 뮤지컬의 연령층은 다소 높은 편입니다."라고 말하고 있다.

여기서 우리는 두 가지 사실에 주목하게 되는데, 뮤지컬의 유아독존적 흥행과 주요 타깃 연령대가 음반산업과 다르다는 점이다. 먼저 주요 소비 연령대가 틀리다는 사실은 경제적 능력을 가진 세대를 끌어 들이고 있다는 점에서 긍정적이지만, 장기적으로 보면 꼭 그런 것만은 아니다. 상대적으로 이 세대는 급변하는 디지털 시대에 대한 거부감을 가지고 있으며, 또한 아날로그 시대에 대한 향수가 강하게 남아 있다. 그렇다면 시간과 더불어 소비층이 날로 줄어들 수도 있다는 결론에 이르게 된다. 바로 이 부분에서 미래의 소비자에 대한 투자가 없다면, 어려서부터 빈번한 관람을 통해 문화공연이 습관화·생활화되도록 만들어 놓지 않는다면 그 미래가 밝다고 말하기는 어려울 것이다.

공연산업이 전반적으로 정체를 벗어나지 못하고 있는데 뮤지컬만 홀로 흥행행진을 하고 있는 이유는 여러 가지가 있겠지만, 뮤지컬의 특성상 아날로그의 화려한 부활이라고 평가할 만하다. 소비자는 디지털에서 볼 수 없는 현장감, 생동감, 화려함, 우아함 등을 뮤지컬에서 느낄 수 있었고, 이러한 감동을 디지털로 옮겨 놓을 방법이 없었다. 디지털로 옮겨 놓는 순간 뮤지컬의 생명과도 같은 많은 요소들이 사라지게 되거나 약화되어 버린다. 이러한 특성상 현장에서 느낄 수밖에 없는 감동을 위해 상대적으로 높은 가격을 마다하지 않고 표를 구매하는 것이다.

물론 아날로그적 특성을 가진 공연산업은 뮤지컬 이외에도 연극, 콘서트 등 많은 공연이 있다고 할 수 있다. 그러나 영화, 드라마 같은 무료 혹은 값싼 영상에 익숙해 있는 소비자를 만족시킬 수 있는 나름대로의 독특한 매력을 지닌 분야는 그리 많지 않다. 현장감으로 대표되는, 그 아날로그적인 장점이 디지털 매개체를 압도할 수 있을 정도가 되어야 하는 것이다. 이러한 측면을 영화에 대변해 보면, 영화산업은 불법 다운로드로 인해 큰 피해를 받고 있고 또한 홈시어터로 대표되는 가정의 시청환경이 개선되어 소비자가 굳이 영화관을 찾지 않더라도 괜찮은 시대가 오고 있다. 그래도 아직까지는 영화관만큼 압도적인 화면과 집중하여 시청할 수 있는 환경을 만들어 내지는 못하고 있다. 따라서 영화산업은 디지털로 공개되어도 영화관으로 끌어들일 수 있는 나름대로의 매력을 가지고 있는 것이다. 사실 영화산업의 이러한 시련과 위기감은 TV의 등장 때도 이미 존재했었다. 그러나 훌륭하게 극복하여 오늘날에 이르고 있다.

결론적으로 특정한 문화 분야가 살아남기 위해서는 디지털에 맞서 나름대로의 독특한 장점을 살려내지 못하면 생존 자체가 힘들다. 연극, 오페라, 음악 콘서트 등 다양한 분야가 살아남기 위해서는 이러한 '현장감'으로 대표되는 아날로그적인 가치를 중심으로 나름대로의 매력을 발굴, 개발하고 더 정교하게 다듬어 나가야 한다. 음악산업도 마찬가지다. 디지털 시대에 적응하기 위해 음악에 어떠한 형태로든 음반과는 또 다른 '현장감'을 가미하거나, 아니면 공통의 음악이 아닌 특정 소비자가 개인의 음악으로 느낄 수 있도록 노력해야 한다. 디지털 시대이기 때문에 오히려 아날로그적 가치가 더욱 중요하다는 점에 방점을 찍을 필요가 있다.

디지털 시대는 분야별 문화콘텐츠의 흥행을 흔들어 놓았고, 또한 많은 문화콘텐츠의 제작과정을 바꾸어 놓았다. 이제 모든 문화콘텐츠 제작에 디지털은 효율적인 방법으로 자연스럽게 사용되고 있고, 그 빈도나 점유율이 갈수록 높아질 가능성이 높다. 때문에 이를 거부하기보다는 이러한 시대적 변화에 능동적으로 접근하여 익숙해지는 것이 중요하다.

역사적으로 보면 인류는 삶의 변화를 가져 올 만한 모든 새로운 문물에 대해 거부감을 나타냈었다. 구텐베르크의 활자가 처음 등장했을 때 서양의 성직자들은 성경을 인쇄한다는 것 자체를 거부했으며, 또한 성경을 현지의 언어로 번역한다는 것도 거부했었다. 이러한 반발이 그 도입 시기를 늦추는 역할을 하기도 했지만, 결국 사회적 변화를 막을 수는 없었다. 또한 1980년대 말 처음 컴퓨터가 등장할 때만 해도 이를 거부하던 지식인은 적지 않았다. 원고지를 고집하거나 활자 인쇄를 고집하기도 했고, 컴퓨터 사용을 거부하겠다고 공언하기도 했다. 하지만 이러한 반발은 사회적 변화에 아무런 영향도 주지 못하는 행위가 되었고, 이미 많은 이들이 이러한 변화를 받아들이고 있다.

여기서 우리가 주목해야 하는 점은 디지털 시대에 접어들었지만 문화콘텐츠의 제작 단계는 아날로그 시대와 큰 변화가 없다는 점이다. 비록 세부 과정에서 많은 변화가 있었고 있을 것이지만 기본구조는 동일하다. 이는 문화콘텐츠의 고유한 성격의 영향이라 하겠다. 예를 들어 게임의 창작과 영화의 창작을 통해 비교해 보면 게임이나 영화나 기획, 제작, 홍보라는 단계를 거치는 것은 같다. 그 과정에서 프로그래밍 과정이나 촬영 등 서로 다른 기술을 이용하더라도 단계의 본질은 변하지 않는다. 영화 촬영을 아날로그로 하든 디지털로 하든 영화라는 본질에는 변화가 없는 것과 마찬가지이다. 제작 과정에서 주목해야 할 부분은 앞에서 거론한 것처럼 제작과 소비자와의 관계에 있다.

디지털 시대의 대중과의 소통은 이전과는 달라서 창작자가 우월적 입장에서 대중을 윽박지르고 훈계하던 시대는 계몽시대로 충분하다. 문화콘텐츠는 가르치려는 습관에서 벗어나야 한다. 창작자(기획자)의 태도가 바뀌어야 한다. 문화의 고수는 전지자적 입장라면, 문화콘텐츠의 창작자는 대중과의 소통에 중점을 둬야 한다. 문화가 디지털 문화로 변화한다는 것은 대중과의 소통에 중점을 둔다는 의미가 된다. 결국 포커스가 '전문가'가 아닌 '대중'으로 바뀐다는 말이다. 모든 것이 '대중의 눈높이'로 재해석되고 재배치되어야 하며, 창작자는 선생이 아니라 친구로서 대중에게 다가서야 하는 것이다.

전문가는 담당 분야에 대한 연구가 필요하며, 이것이 전문가의 핵심이다. 하지만 문화콘텐츠 전문가는 이것만으로 해결되는 것이 아니다. 앞서 거론했듯이 문화콘텐츠 전문가에게는 전문적인 지식이 요구되면서도 다른 한편으로는 대중적인 감각이 필요하다. 대중적인 감각, 즉 '대중 전달력'이라는 새로운 요소가 전공에 대한 지식 못지않게 중요하게 대두된다. 특히, 다양한 정보가 넘쳐나 정보의 홍수라는 디지털 시대에 이러한 대중 전달력은 지식 자체보다 중요해지기도 한다. 다양한 정보에서 옥석을 가리고, 이를 대중의 눈높이에서 설명하는 과정이 디지털 시대 문화콘텐츠의 또 다른 측면인 것이다.

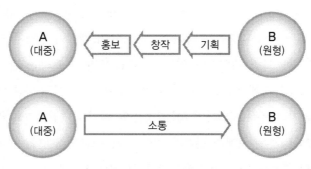

대중과 원형의 관계

이러한 두 가지 기능의 결합은 기존의 학문체계와 큰 차이를 보이는 것으로 이에 대해 살펴볼 필요가 있다. 문화콘텐츠도 기존의 학문과 같이 자료를 조사하고, 연구를 하고, 이론을 세워야 한다. 그러나 문화콘텐츠는 대중에게 접근해야 한다는 숙명을 가지고 있다. 기존 학문과의 차이는 여기서 발생한다. 매스미디어가 인간을 세뇌시킨다고 말했던 노암 촘스키의 주장처럼 대중은 특수한 존재이다. 그들은 엄밀한 학술적 연구결과를 원하는 것이 아니다. 따라서 '대중에게 다가서야 한다'는 전제는 문화콘텐츠가 매우 특수한 영역으로 바뀐다는 의미인 것이다.

기존의 학문과 문화콘텐츠가 왜 다른지를 설명하기 위해 대중에게 인기 있는 한비야, 도올, 심형래의 예를 들어 살펴본다.

한비야는 오지 여행가로 그녀의 기행문은 출간될 때마다 사회의 주목을 받으며 대중의 인기를 한몸에 받고 있다. 그녀의 여행기는 현장에 있다는 착각을 불러일으킬 정도로 생동감이 있고, 또 독자에게 체험해 보지 못한 미지에 대한 소중한 정보도 제공해 준다. 정보와 재미를 동시에 제공하기에 그녀는 꾸준한 인기를 끌고 있다. 또한 한국 사회에 부족한 열린 시각으로 세상을 바라보는 그녀의 시선은 새로움을 던져 주기에 충분하다.

하지만 이를 비판적 시각으로 접근해 보면 조금 다른 결론이 나온다. 중국에 대한 소개서에서 일반 대중에게 가장 영향력 있는 책 중에 하나가 『한비야의 중국 견문록』이다. 아직도 많은 대중이 그녀의 글을 통해 중국을 꿈꾸고 있다.

그녀의 책이 중국에 대한 관심을 높이는 역할을 하기도 했지만, 전문가 입장에서 이 책의 인기가 그리 반가운 것만은 아니다. 적지 않은 중국 전문가들이 그녀가 말하는 중국이 오히려 중국을 이해하는 데 방해가 된다고 보고 있다. 애당초 여행가인 그녀에게 기존 연구에 대한 검토나 정확한 사실 관계

구 분	전문성	대중전달
한비야	△	○
도 올	○	○
심형래	×	○

를 요구하는 것 자체가 무리인지도 모른다. 이러한 답답함에 많은 중국 전문가들이 중국을 소개하고 있지만 그다지 성공적이지는 않다. 학술적으로나 자료 준비에 충실하다고 하더라도 그녀가 가지고 있는 높은 대중 전달력을 뛰어넘지 못하고 있는 것이다.

이러한 딜레마의 근본적인 원인은 중국 전문가들이 대중 전달력이 없다는 점에 있다. 그동안 중국 전문가들이 대중 전달력에 별다른 관심을 보이지 않은 결과이기도 하다. 그렇다고 하더라도 그녀의 글이 전문성을 가지게 되는 것은 아니다. 전문가의 시각에서 보기에 너무 많은 불확실한 이야기를 확신하고 있지만, 대중에게 이 책은 단순한 기행문을 넘어 '전문가'의 중국 소개서가 된다. 대중의 압도적 지지에도 불구하고 전문성의 결여는 큰 문제이다.

한비야에 비해 도올은 학자 중에는 드물게도 전문성과 대중 전달력을 동시에 가지고 있는 인물이다. 그는 전문성을 바탕으로 대중에게 동양고전을 설명하여 큰 인기를 얻고 있다. 일반 대중에게는 너무나 멀리 있었던, 박물관에 박제되어 있었던 『논어』, 『장자』 등의 고전을 지금 살아 있는 콘텐츠로 대중에게 전달하는 성과를 거둔다. '인문학의 위기'라는 말이 무색할 정도로 고전에 대한 대중의 관심은 열광적이기까지 했으며, 이를 경제적으로 보면 동양학에 대한 시장이 적지 않다는 의미이기도 했다. 또한 그는 학문적 영역을 넘어 사회적 관심이 집중되는 이슈에 대해 자신의 견해를 피력하는 등 왕성한 활동을 한다.

도올은 전문성과 대중 전달력을 모두 가지고 있기에 문제가 될게 없어 보인다. 실제로 그의 인기에 더불어 관련 서적이 많이 팔리기도 했다. 하지만, 그의 등장으로 한비야의 존재와는 또 다른 새로운 문제점이 생겨났다. 대중은 매스미디어를 믿듯이 그의 주장을 받아들이며, 결국 신봉하게 된다. 결과적으로 대중에게는 그의 주장만 전달되고, 그의 말만 올바른 것이 되어 버린다. 이로 인해 원하든 원치 않던 학문을 독점하게 된다. 이에 대한 학계의 반발은 당연하다.

결과적으로 전문가 집단도 그를 인정하기를 거부했고, 도올도 지식 연예인의 역할을 거부했다. 비록 다수의 전문가들이 존재하지만 대중성을 가진 전문가는 많지 않다. 이러한 상황에서 마찰은 필연적이다. 도올이 자신의 전문성을 바탕으로 기존 전문가 집단의 연구결과를 대중에게 전달한다는 지식 연예인으로 입장을 어느 정도 고려했다면 마찰을 줄일 수 있었을 것이다. 학계도 도올을 적극적으로 포용하려고 했다면 동양학 전체적으로 대중과의 대화에서 큰 성과를 거둘 수도 있었을 것이다. 전체 동양학의 관점에서 보면 도올이라는 스타가 동양학을 대중에게 소개하는 가교 역할을 할 수 있었음에도 이런 기회를 놓치고 만다.

심형래는 국민적 코미디언에서 영화감독이라는 새로운 영역에 도전하여 대중에게 자신의 노력을 각인시켰다. 특히 그가 만든 〈디워〉(D-WAR)는 흥행과 함께 사회적 논란거리가 되었다. 영화비평가는 혹평을 했지만 관객동원에는 크게 성공한 영화가 되었다. 〈디워〉는 〈용가리〉 이후에 나온 영화로 심형래 감독은 나름대로의 비전으로 관객의 관심을 이끌어 내는 데 성공했다.

그럼에도 CG(Computer Graphic)에서만 성공한 영화, 용의 전설을 지렁이의 전설로 만들어 버린 영화라는 평가에서 자유로울 수 없었다. 영화의 중심이 되는 시나리오의 서사적 구성이나 배우의 연기력에 대한 아쉬움도 영화감독 심형래의 한계로 지적되었다. 할리우드가 하면 우리도 할 수 있다는 그의 발언은 논리적인 설득보다 감성적 접근을 더 선호하는 대중의 입맛에 맞아떨어졌고, 이는 애국주의 마케팅 논란을 불러일으키기도 했다.

〈디워〉(1998)와 〈고지라〉(1954)

흔히 〈디워〉를 일본의 〈고지라〉(ゴジラ)와 비교하는 경우도 있는데, 일본의 〈고지라〉는 1954년 혼다 이시로 감독에 의해 만들어진 작품으로 방사능의 부작용, 즉 환경파괴에 대한 시대정신을 담고 있다. 또한 당시로서는 획기적인 소재로 최초의 괴수영화라는 평가가 있기도 하다. 이후 28편에 이르는 시리즈로 제작되었고, 2004년 50주년 기념작이자 시리즈를 결산하는 최종작 〈고지라 : 파이널 워즈〉가 제작되어 할리우드와 일본에서 거의 동시에 공개되는 역사적 이벤트 가 거행되었다. 또한 〈클로버필드〉(Cloverfield, 2008)에 이르기까지 수없이 많이 제작된 거대 생물 재난 영화의 기본이 된 작품이다. 〈고질 라〉(Godzilla, 1998)라는 이름으로 할리우드에 서 만들어지기도 했다.

할리우드 명예의 전당에 입성한 〈고지라〉

그는 우리가 잃어버린 동양문화의 콘텐츠를 화려한 CG로 재탄생시켰고, 영화의 최대 시장인 미국에 진출시켰다고 할 수 있다. 미국 내 한국 영화 최고 흥행기록은 2007년 〈디워〉가 세웠는데, 2,277개 극장에서 개봉, 1,098

만 달러를 기록했다. 그럼에도 불구하고 우리는 오히려 '포니 효과'를 불러일으킬 위험이 있다는 사실도 주목해 볼 필요가 있다. 바늘허리에 매어 못 쓰듯, 미국 시장에 진출하더라도 과거 현대의 포니처럼 오히려 다른 우수한 한국 영화의 진출을 막을 수도 있기 때문이다. 진

> **포니 효과**
>
> '포니'는 현대자동차에서 출시한 국내 최초 고유 모델로 국내에서 자동차 대중화를 이끌었다. 1986년 현대는 포니를 앞세워 미국에 30만 대를 수출하는 기염을 토했다. 그러나 이로 인해 저질품이라는 인상이 미국 소비자에게 각인되어 향후 현대차의 미국 진출에 큰 걸림돌로 작용하는 역효과를 거두었다.

출 여부가 중요한 것이 아니라 제대로 진출해서 제대로 평가받아야 한다. 서사의 부재나 철학의 부재는 화려한 CG로 메울 수 있는 것이 아니다. 이는 이 땅의 전문가들의 책임이기도 하다. 결국 교육의 부재이다. 평생교육의 입장에서 서사의 중요성을 '학교'뿐만 아니라 '사회'에서도 배우지 못했다는 점을 통감해야 한다. 우리의 문학이 서사가 약하다는 것의 반증이기도 하다.

결국 〈디워〉는 SF도 아니고 판타지도 아닌 어중간한 영화가 되어 버렸다. 이는 감독의 책임이다. 그가 만든 이전의 영화를 보아도 서사 구조에 대한 고민 부족이나 출연진의 문제점 등은 충분히 예견되었던 일이지만 여기에 주목하지 못했고, 그동안 한국 영화가 쌓아 놓은 성과를 제대로 흡수하지 못했다. 물론 그가 만든 〈영구와 땡칠이〉같은 영화가 흥행을 해도 우리나라에서 유난히 천대받던 코믹, 아동영화에 대한 마인드가 바뀔 필요도 있을 것이다. 내가 아니라 우리가 할 수 있다는 문화콘텐츠적인 마인드가 필요하다.

이러한 검토에서 우리가 주목해야 할 부분은 개별적 특성이 아니라, 문화콘텐츠의 중심점이 대중 전달력에 있다는 점이다. 비록 다양한 형태로 나뉘어 있지만, 기존의 접근방식과 큰 차이를 보인다. 아무리 우수한 문화콘텐츠도 대중이 선택하지 않으면 생존조차 힘들다. 대중 전달력은 스타뿐만 아니라 작품에도 존재한다. 문화나 문화콘텐츠는 대중의 기본적인 공통인식이 전제

되어야 전파에 용의하다. 삼국지, 손오공처럼 들어 본 단어이거나 아는 스토리 구조여야 변용과 활용이 극대화된다. 다양한 문화원형에 대한 대중의 이해를 돕는 것은 그래서 중요하다. 이러한 작업이야 말로 문화콘텐츠의 뿌리 튼튼히 하는 밑거름이 되는 작업이다. 대중 전달력이 존재해야 작품도 살고 스타도 사는 것이다.

디지털 시대는 작품의 전파경로조차도 뒤바꿔 놓고 있다. 기존의 방식은 원작-소개-활용의 과정이었다. 전문가가 원본을 번역, 평론 등으로 소개하면 이를 활용하여 대중에게 전달하였다. 따라서 전문가가 어떠한 작품을 선택하느냐가 핵심이 되기도 했다. 그런데, 지금은 훌륭한 문화콘텐츠로 인해 대중이 원본에 다시 접근하기도 한다. 그 극명한 예가 바로『봉신연의』이다.『봉신연의』는 중국의 고대소설로 중국 문학 전문가조차 그다지 관심을 보이지 않았던 작품이다. 그런데, 게임과 만화 등으로 인해 대중에게는 매우 친숙한 작품이 되었다. 특히, 일본 만화가가 그린『봉신연의』는 젊은 층에 많은 인기를 끌며 친숙한 작품으로 재탄생했다. 만화에 흥미를 느낀 이들은 번역서를 찾는 등 학술적 관심을 보이기 시작했다. 대중의 관심은 만화-번역-원작이라는 방향으로 이어졌던 것이다. 전문가들에 의해 방치되었던 작품이 대중에 의해 주목받게 된 것이다. 원작과 번역작품은 주목받지 못했지만, 잘 만들어진 문화콘텐츠가 오히려 원작과 번역을 돋보이게 해주기도 하는 것이다.

전파경로의 변화처럼 문화콘텐츠는 기존의 방식과는 다른 수많은 변화를 가지고 온다. 이러한 변화를 피할 수 있다면 좋겠지만 변화는 영향은 전사회적이다. 고정관념으로 거부감에 쌓여 있기보다는 보다 능동적으로 수용하여 주체적으로 긍정적인 변화를 이끌어 내야 할 것이다.

『계몽의 변증법』

원제 : Dialektik der Aukflarung: philosophi-
　　　sche Fragmente, 1944
막스 호르크하이머, 테오도르 아도르노 지음, 문학
과 지성사, 2001

이 책은 인문학, 특히 철학, 미학, 사회
학, 문화 등 다방면의 학문 분야에서 필
독서가 되었다. 장의 구분이 없이 개별
꼭지로 구성된 이 책 중 '문화산업: 대중
기만으로서의 계몽'에서 처음으로 '문화
산업'에 대한 정의와 개념을 설명하고
있다. 하지만 문화산업을 바라보는 시각
은 현재와는 많이 다를 뿐만 아니라 긍
정적인 시각만 갖고 있는 것은 아니다.

『이성은 신화다, 계몽의 변증법』

권용선 지음, 그린비, 2003
호르크하이머, 아도르노의 생애부터 『계
몽의 변증법』까지 난해한 내용을 소설처

럼 1인칭 시점으로 서술하고 있는 획기
적인 인문서이다. 특히 5장에서는 대중
의 계몽 과정에서 문화산업이 어떠한 역
할을 했으며 대중을 수동화시켰는지 잘
나타나 있다.

『모더니티의 다섯 얼굴』

원제 : Five faces of modernity: Modernism,
　　　Avant-garde, Decadence, Kitsch, Post-
　　　modernism, 1977
M . 칼리네스쿠 지음, 이영욱 옮김, 시각과 언어,
1993

5장으로 구성된 이 책은 각 장에서 모더
니티, 아방가르드, 데카당스, 키치, 포스
트모더니즘에 대해 정리하고 있다. 유
럽에서 100여 년 동안 사용되었던 문예
사조들의 개념을 체계적으로 분석한 연
구서로 미학, 철학, 문학 등 인문학은 물
론 문화콘텐츠의 기본 공구서이다.

3

문화와 문화콘텐츠, 그리고 문화산업

문화와 문화산업의 차이

일류인가, 삼류인가?

문화콘텐츠의 빛과 그림자

3장 문화와 문화콘텐츠, 그리고 문화산업

문화와 문화산업의 차이

문화콘텐츠를 논의하려면 우선 문화와 문화산업과의 관계에 대해 확실히 이해할 필요가 있다. 현재 문화콘텐츠가 주목받으면서 문화, 문화산업에 관련된 문화콘텐츠에 대해 활발한 논의가 진행되고 있지만, 아직도 개념의 혼선을 보이거나, 그 차이에 유의하지 않고 서로 엇섞어 두루뭉술하게 논하는 경우도 있다. 문화, 문화콘텐츠, 문화산업이라는 이 세 가지는 분명 서로 강한 연관성을 가지고 있어서 비슷한 특성을 나타내기도 하지만 근본적인 차이를 보이기도 한다. 이러한 차이에 대한 명확한 이해가 밑바탕 되어야만 급변하는 시대적 흐름을 올바르게 파악하고 대처할 수 있다.

문화(culture)에 대한 논의는 이미 역사적으로나 학술적으로 유구한 역사를 가지고 있다. 그만큼 다양한 목소리를 담고 있기도 하다. 이를 한마디로 정의하기는 어렵지만 여기서는 문화콘텐츠와 문화산업이라는 비교점이 존재하기에 엠파스 사전의 정의인 특정 집단의 구성원이 지닌 사유, 정보교환, 행동, 생활 등 그 집단에서 습득하여 계승해 온 양식으로 간단히 정의한다.

문화의 시대인 21세기는 창의력이 강조된다. 그래서 종종 문화발전을 위해 창의력을 중시한다. 특히, 영국에서는 문화산업을 창조산업(Creative Industry) 이라고 부르고 있다. 럭비, 축구, 크리켓(야구), 테니스 등 영국에서 발상하지 않은 스포츠 종목을 찾기가 쉽지 않을 정도이며 비틀스로 대표되는 대중문화 는 충분히 창조적이라고 할 수 있을 것이다. 또한 상상력과 창의력이 무형의 형태인 문화와 잘 어울려 보이는 것도 사실이다.

그럼에도 불구하고 문화는 창조적이 아니다. 오히려 문화는 보수적인 색채 가 강하다. 문화는 어떠한 집단의 응집과 세월의 농축으로 만들어진 것이기 때문에 변화가 더디고 능동적이기 힘든 측면을 안고 있다. 문화는 여러 가지 색채를 가지고 있으나, 장인정신, 예술정신, 전통, 관습 등과 어울리며, 이에 대한 연구는 학자정신과 연결된다. 어느 집단이든 문화의 핵심은 전통문화가 근간이 되는데, 전승과 계승이라는 단어가 잘 들어맞는 전통문화는 다분히 보수적인 분위기에 휩싸이기 마련이다. 또한 이를 분석하고 체계화하다 보면 학술적인 분위기가 다분해지기 마련인데, 이 또한 보수적인 성격을 보이기 쉽다.

그럼에도 문화와 창의력의 조화가 우리에게 낯설지 않게 여겨지는 가장 큰 이유는 문화산업의 영향 때문이다. 시나브로 우리의 삶에 들어온 산업이라 는 색채는 더 이상 낯선 것이 아니라서, 문화를 경제적 시각으로 보게 만들었 고, 이해하게 했다. 산업은 이익을 기본으로 존재한다. 따라서 끊임없이 소비 자를 파고들어 새로운 소비를 창출해 내야 한다. 이것이 창조의 핵심이다. 문화콘텐츠가 상상력을 강조하고, 창조적으로 보이는 이유는 산업적 성격에 서 비롯된다. 문화는 보수적이나 산업과 만남에서 창조가 강조되는 것이다.

이와 같이 문화산업이 창조적인 이유는 문화의 본래의 모습이 아닌 산업적 측면 때문인데, 디지털 시대의 도래로 이러한 성격은 더욱 강화된다. 디지털 시대는 이전과는 전혀 다른 제작환경을 제공하면서 창작의 기본 개념마저 바꿔 놓고 있다. 디지털은 무한복제를 기본으로 한다. 이는 원본과 복사본의 차이가 없다는 말이다. 원본을 따지는 것 자체가 아날로그적 발상이다. 원본의 정신적 가치는 사라질 수 없겠지만 원본의 중요성조차 상당히 약화되고 있다. 아날로그 시대는 원본개념이 확실했고, 모방조차도 하나의 능력이었다. 그러나 디지털 시대에 이러한 모방 능력은 마우스 클릭 몇 번으로 누구나 할 수 있는 성질로 변질되었다.

인터넷이 등장하자 거시적 시대 변화를 논하면서 정보화 시대라고 규정한다. 그러나 아날로그 시대에서 디지털 시대로의 변화라는 거시적 흐름으로 보면 소위 말하는 지식정보화 시대는 독립적인 성격보다는 창의력을 강조하는 문화시대의 밑바탕이 되는 과정으로 이해할 필요가 있다. 정보화 시대가 넘쳐나는 정보에 대한 판단이었다면, 그 결과 문화시대가 도래하고 있는 것이다.

지금은 넘쳐나는 정보와 물질 속에서, 모방의 용이함은 창작의 용이함으로 연결되었고, 상상만 하면 쉽게 만들어낼 수 있는 시대가 되었다. 컴퓨터그래픽의 등장으로 가상현실에서는 무엇이든 가능한 시대가 된 것이다. 따라서 새로운 것을 창출하기 위해서 부족한 것은 창의력뿐이었다. 창작의 용이함은 창의력을 더욱 강조할 수밖에 없다. 새로운 것을 추구하는 산업과 상상력을 갈구하는 기술력의 만남이 창의력으로 집중될 수밖에 없다.

상상력은 무엇이고, 창의력은 무엇인가? 이러한 질문에 시대는 창의력의 원천이라고 믿는 무형의 '그 무엇인가'에 관심을 가지게 되었다. 또한 디지털화 할 수 없는 인간이라는 존재를 목격하게 되면서, 그들이 합리적이거나 계량화된 숫자계산(디지털)이 아닌 아날로그적인 판단으로 소비를 선택한다는 사실을 발견하고 고민하게 된다. 결국 '그 무엇인가'는 여러 가지 요소가 있을 수 있으나 포괄적으로 '문화'로 귀결되었다. 여기에 산업의 성격이 더해지면서 더욱 '창조적인' 문화가 필요했다. 엄밀히 말해서 창조적인 문화란 새로운 그래서 대중을 자극할 수 있는 속성을 가진 새로운 문화이다.

창조를 강조하는 시대에 우리가 유념해야 할 부분은 산업이 원하는 것은 창조적인 결과물보다는 소비자의 입맛에 맞는 것을 원한다는 점이다. 얼핏 상상력이란 아무런 억매임 없이 자유로운 나래를 펼치는 것 같지만 그렇지 않다. 인풋이 있으면 아웃풋이 있어야 하는 것이 시장원리다. 상상력이 결코 망상이 아닌 이유가 여기에 있다.

또한 산업이 새로운 것을 추구하는 것도 단지 소비자 때문이다. 투자에 대한 리스크를 생각해야 하는 산업 자체는 매우 보수적이기 쉽지만, 결국 빠르게 변화하는 소비자의 기호에 민감하기 때문에 그들의 호기심을 자극할 수 있는 새로운 것을 추구할 수밖에 없다. 소비를 자극해야 하는 산업적 측면 이 창의성을 강조하게 된다. 대중을 자극하기 위해 새로운 것, 차별성 있는 것을 원하게 되고 그것이 창의성으로 연결되는 것이다. 문화콘텐츠가 창의적 인 것도 같은 측면으로 산업에 지속적으로 새로운 것을 공급해야만 생존할 수 있기 때문이다.

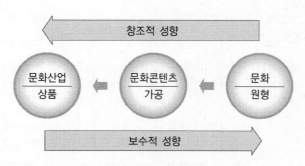

문화의 보수성과 창조성 관계 1

문화콘텐츠는 문화와 산업의 이러한 성격을 동시에 가지고 있게 된다. 앞 장에서 이야기했듯이 문화콘텐츠는 문화와 문화산업을 이어주는 모든 부분을 포괄한다. 이 모든 부분 중에서 문화에 가까울수록 보수적인 성격과 학술적인 색채를 보이는 경우가 많고, 문화산업에 가까울수록 창조적인 성격과 경영적인 색채를 노출하는 경우가 많다. 따라서 마찰은 필연적이다. 어느 한 가지 중요하지 않은 것이 없어, 문화콘텐츠는 언제나 열린 자세로 이러한 마찰을 조율해 나가야 한다. 소통과 조화야말로 문화콘텐츠의 기본인 것이다.

문화+산업을 담당하는 문화콘텐츠는 크게 세 가지 영역으로 나뉠 수 있다. 이는 문화원형(창작소스), 비즈니스(경영, 정책), 기술(제작기술, 가공기술)인데, 문화 원형은 학문에 가깝고, 비즈니스는 대중에게 전달하기 위한 과정인 기업경영에 가깝고, 기술은 이공계나 장인에 가까운 영역이다. 이를 전통적인 의미로 풀어 보면 사농공상(士農工商)의 결합을 의미한다. '士'가 '農'(대중)의 삶을 담아 정리하고, '工'이 가공하고, '商'이 파는 구조이다. 이 모든 것이 문화콘텐츠의 요소이다. 이러한 다양한 특성을 가진 문화콘텐츠를 단순하게 기존의 학문의 틀에 넣어 생각한다면 오류를 범할 수밖에 없다.

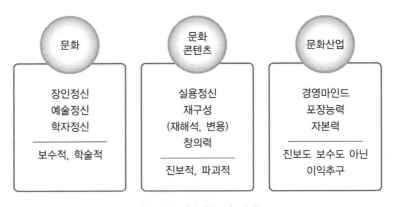

문화의 보수성과 창조성 관계 2

문화콘텐츠는 산업적인 측면이 주목받으며 존재가치를 인정받았다. 하지만 산업적인 성격이 문화에 오히려 독이 될 수도 있고, 흥행에도 방해가 될 수도 있다. 〈스타워즈〉, 〈대부〉와 같이 공전의 히트를 쳤던 수많은 영화들이 투자자에 의해 거부당했었다는 사실은 산업적 고려의 한계를 보여 주는 대표적인 예라 하겠다. 투자에 대한 리스크가 산업의 보수적 성격의 핵심이다. 산업은 그들이 믿는 어떠한 투자공식에 맞춰, 흥행도식에 맞춰 투자를 하려고 하지만, 대중은 어떠한 도식에 맞춰 움직이지 않는다.

때문에 산업혁명을 시작으로 시대를 주도했던 굴뚝산업과 새로 부각된 문화산업의 차이를 구분해 볼 필요가 있다. 여기서 굴뚝산업은 기존의 '산업사회'를 이야기한다. 그러나 논의의 혼선을 줄이고 의미를 명확히 하기 위해 여기서는 굴뚝산업이라는 단어를 쓴다. 이미 세계경제는 '有'에서 '無'로 넘어가고 있다. 제품을 파는 것이 아니라 이미지(문화)를 팔고 있다. 이처럼 20세기가 구체적인 물건을 팔았다면 21세기는 추상적인 무언가를 팔고 있다는 전제하에 이야기를 전개한다.

굴뚝산업은 실용과 합리성을 판다. 제품의 품질, 성능, 가격으로 경쟁한다. 굴뚝산업은 생산이 소비를 따라오지 못하던 시절에 번성하였다. 따라서 박리다매의 시기가 도래하면 부가가치가 낮아지기 마련이며, 그 한계를 노출한다. 기술의 보급과 지식의 전파로 품질이 평준화되고 경쟁이 치열해지면 굴뚝산업이 힘들어지는 이유가 여기 있다. 이에 대한 돌파구는 신기술 개발이었다.

그럼에도 불구하고 신기술 경쟁도 일정한 한계를 지닌다. 과거의 과학기술이 사람들의 희망과 갈망을 현실화시켰다면, 지금은 대중이 감당하기 힘들 정도로 기술발전이 소비를 앞서가는 기술 과잉의 시대이다. 수용하기 벅찰 정도로 빠르게 발전하는 과학기술이 '잉여기술'로 남는다. 과학기술의 발전은 이미 잉여 단계에 이르러 그 학문적 성취와는 다르게 소비자의 반응은 무감각

해지고, 경제적으로도 가치를 인정받기
어렵다.

이에 반해 문화산업은 환상을 판다.
일종의 허영을 파는 것이다. 문화산업은
무형의 무엇인가를 소비하게 만드는 것
이 핵심이다. 문화산업의 형태는 크게
두 가지로 나뉘는데, 영화, 오페라 같이
문화를 직접 파는 산업과 문화마케팅으
로 대표되는 기존의 산업에 문화적 색채
를 입히는 산업이 있다. 일반적으로 문
화콘텐츠를 직접적인 것에만 한정하여
생각하는 경향이 강한데, 이는 편협한
사고로 스스로 밥그릇을 걷어차는 것과
같다. 실제로 문화콘텐츠는 문화마케팅
을 포함하는 산업의 모든 분야에서 위력

**문화산업 성장률,
전체 산업 성장률을 앞지르다**

1990년부터 2003년까지 14년간 국내
문화산업 성장률이 전체 산업 성장률보
다 약 1.5배 앞선 것으로 조사됐다.
한국문화콘텐츠진흥원(원장 고석만)은
'문화산업의 경제적 파급효과'에 대한 연
구결과 발표에서 1990년부터 2003년까
지 14년간 우리나라 전체 산업 산출액이
417조 원에서 1,740.9조 원으로 네 배가
늘어나는 사이 문화산업 산출액은 19.7조
원에서 118.8조 원으로 여섯 배 이상의
성장세를 이어나가고 있다고 밝혔다.
진흥원은 이번 연구결과에서 우리나라
문화산업 산출액 증가세 외에도 전체 산
업 대비 문화산업의 산출액 비중도
4.7%에서 6.8%로 증가 추세를 보이고
있다고 밝혔다. 특히 방송, 광고 등 문화
서비스업 비중은 2.5%에서 5.2%로 두
배 이상의 비약적 성장을 이룬 것으로
조사됐다

자료 : CT뉴스

을 발휘하고 있다.

현재 문화콘텐츠와 문화산업이 주목받는 이유는 경제적 가치가 크다는 점
이다. 투자대비 수익이 높기 때문이다. 물론 벤처기업처럼 소수만이 성공하지
만, 다음 그림에서 볼 수 있듯이 문화산업의 수익구조는 기존의 산업에서
꿈꾸기 힘들 정도로 고수익을 창출한다는 매력을 가지고 있다. 대중의 관심을
끄는 콘텐츠를 만들어 내기가 어려워서 그렇지 한번 만들어 내기만 하면 초기
투자비용에 비해 추가비용이 상대적으로 적게 발생한다는 매력을 지닌다.
이러한 높은 부가가치가 문화산업의 근본적인 매력이며 힘이다.

최근 연구결과에 따르면 문화산업의 성장률이 전체 산업 성장률을 앞선다

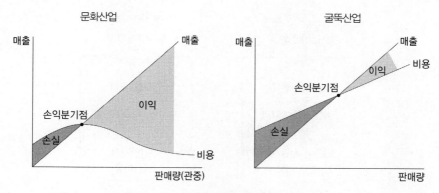

문화산업과 굴뚝산업의 매출 및 이익의 폭 비교

는 점도 매력적이다. 고수익, 고성장이라면 당연히 산업계의 주목을 받기 마련이다. 또한 기존의 굴뚝산업이 지나친 경쟁, 수익구조 악화, 환경오염, 에너지 고갈 등 많은 문제로 인해 고생하고 있는 데 반해 문화산업은 상대적으로 우호적인 환경에 놓여 있다.

직접적인 문화산업은 문화 자체에 투자하여, 수익을 얻는 산업구조로 이루어진다. 문화활동에 대한 투자를 중심으로 1차적으로 TV, 스크린, 공연 등을 통한 직접적인 활동과 이에 관련된 DVD, 판권 등의 판매와 캐릭터 등의 부가산업까지 이어지는 모든 과정을 말한다. 특히, 2차, 3차로 이어지는 파생산업의 발전이 문화산업의 새로운 발전방향이기도 하며, 한 사회의 문화콘텐츠의 성숙도를 나타내는 척도이기도 하다.

간접적인 문화산업은 품질을 기본으로 디자인, 문화마케팅 등을 통하여 새로운 부가가치를 창출해 내는 작업을 포괄한다. 하루가 다르게 경쟁이 치열해지는 전통적인 굴뚝산업도 문화산업의 도움을 얻어야만 생존이 가능해지고 있다. 왜냐하면 문화마케팅은 물질적 가치에 정신적 · 정서적 가치인 추상적인 가치를 추가하는 작업이기 때문이다. 굴뚝산업에 문화마케팅이 필요한

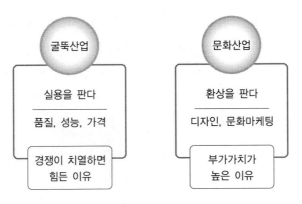

제조산업과 문화산업

직접적인 이유는 부가가치를 높일 수 있기 때문이다. 품질, 성능, 가격에 대한 경쟁이 임계점에 다다른 상황에서 새로운 가치를 창출해야 하는데, 이때 꼭 필요한 것이 바로 문화마케팅이다.

신발을 사는가! 나이키를 사는가! 왜 점심으로 라면을 먹고 더 비싼 커피를 마시는가! 사회의 소비 형태는 쏟아지는 물질풍요 속에 크게 변화하고 있다. 사회는 품질의 차이보다도 더 큰 가치를 명품이라는 이름에 부여한다. 똑같은 품질의 가방이라도 '뽀로로'라는 캐릭터가 붙으면 더욱 비싼 가격으로 팔리는 것을 당연하게 생각한다. 가방의 가격은 품질이 아니라, 어떤 캐릭터가 사용되었는지가 결정한다. 모든 제품은 높은 부가가치를 위하여 명품을 지향한다. 명품으로 대표되는 이러한 무형의 가치는 기업과 제품의 이미지를 향상시키고, 소비자의 충성도를 높이고, 더 높은 부가가치를 가져다 준다.

기술적·물질적 가치의 평준화 이후 문화적 가치가 더욱 중시되면서 생산부터 판매까지, 판매 후 서비스에서 폐기까지 이어지는 모든 과정은 문화의 색채로 대중에게 접근하고 있다. 값싸고 좋은 물건이라는 전통적인 가치조차도 문화마케팅의 이미지로 만들어진다. 특히, 환경, 웰빙, 개성 등이 주목받는 시대에 이러한 현상은 더욱 강화된다. 문화마케팅은 단순하게 수동적으로 물건을 파는 것이 아니라, 소비자를 직접 움직이게 만드는 적극적인 방법이기도 하다. 소비자와 정신적·정서적 공감대를 형성함으로써 소비자의 충성도와 신뢰도를 높여 기존에 없던 새로운 부가가치를 만들어 낸다.

문화마케팅은 이처럼 단순히 일시적인 현상이 아니라, 장기적인 산업 발전의 흐름으로 파악해야 한다. 산업혁명이 발생한 이후 가장 중요했던 것은 어떻게 많이 생산할 것인가에 있었다. 생산이 부족하여 생산만 하면 팔리던 시절이었다. 이때 주요 고민은 어떻게 많이 생산할 것인가에 있었고, 모든 산업은 당연히 생산자를 위주로 이루어졌다. 노동자가 하루 18시간을 일하면서 생산한 물건은 광범위한 시장에 팔려나갔다.

그 후 생산력이 점차 보편화되면서 생산기지가 광범위하게 퍼지자 생산수준이 소비시장을 앞서게 된다. 따라서 생산만 하면 팔리던 시장환경은 변화하기 시작하고, 산업은 경쟁을 받아들여야 하는 시기가 된다. 잉여생산의 가속화로 산업은 점차 판매와 생존을 위해 고민하게 된다. 그러면서 산업은 가격 경쟁을 통한 박리다매를 추구하거나 새로운 기술력으로 제품을 업그레이드시키는 두 가지 방향으로 나뉘게 된다. 가격경쟁은 '제살 깎아먹기'식 출혈 경쟁으로 이윤도 매우 적었기에 보다 큰 이익을 위해 점차 신기술이 산업계의 주목을 받게 된다. 기술적 발전이 산업의 미래를 보장하는 희망의 탈출구였다. 박리다매를 추구하는 기업은 합리적 선택을 강조하며 '싸고 좋은 물건'이라는 신화를 추구하고, 기술력을 추구하는 기업은 '삼성이 만들면 다르다', '침대는 과학이다'라는 선전문구처럼 '첨단제품'이라는 신화를 추구하게 된다.

그 후 신기술이 모든 산업의 키워드가 되지만, 기술마저도 빠르게 전파되고 보편화되자 이러한 구도마저 변화를 맞이하게 된다. 짝퉁의 시대가 도래한 것이다. 새로운 기술을 발명한다는 것은 매우 어려운 일이지만, 발명해도

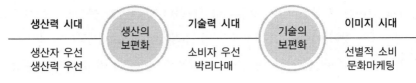

산업 발전 추세

순식간에 다른 기업에서 모방을 해버리는 시대가 된 것이다. 이러한 환경에서 경쟁력을 획득하는 방법은 끊임없는 기술개발이나 새로운 출로를 찾는 것이었다. 기술개발도 끊임없이 계속 되었지만, 전문가조차도 짝퉁과 명품을 구별하기 조차 힘들 정도로 기술은 보편화된다. 이러한 상황에서 탈출구는 기존 기술력에서 새로운 가치를 창출해 내는 것이었는데, 문화마케팅이 대표적이다. 명품으로 대표되는 무형의 이미지 가치는 디자인, 친환경, 웰빙, 사회친화 등으로 심지어 제품 본연의 물질적 · 기술적 가치를 뛰어넘는 등 새로운 활력의 주체로 등장하게 된다.

넘쳐나는 상품 속에 특정한 물건을 소비하게 만들기 위해, 제품의 가치를 인정받기 위해 무형의 이미지를 부가하는 것이 중요했다. 산업은 수많은 시행착오를 거쳐 다양한 방면에서 문화적 가치가 중요하다는 것을 깨닫게 된다. 또 이에 따라 문화산업은 단순하게 직접적인 문화로 돈을 버는 것뿐만 아니라, 기존의 기업에 문화적 가치를 부가하는 과정으로 확장된다.

문화마케팅이 단순하게 홍보에 문화적 가치를 쓰는 것만을 의미하는 것이 아니라, 제품의 디자인, 생산, 판매, 서비스로 이어지는 모든 과정이 연결되어야 하기에 경영철학에 녹아들어야 제대로 힘을 발휘하게 된다. 외형적 모방이 아니라, 시대적 변화를 직시하는 기업이나 경영자의 가치관과 직결된다. 사회공헌, 환경친화, 문화경영 등과 같이 기업의 장점을 일정한 이미지와 연결하여 소비자에게 호소하는 방법은 심지어 기존의 회사체계나 생산과정마저 뒤바꿔 놓기도 한다. 어쩌면 이러한 정신적 가치가 동반되지 않는 문화마케팅은 호박에 줄긋기나 마찬가지이다.

예를 들어 STX는 도전정신을 강조하기 위해 얼어붙은 북극에 새로운 항로를 만들었다는 광고를 내보낸 적이 있다. 이 선전은 첫 장면에 펭귄이 평화롭게 살다가 얼음이 깨지면서 STX 선박이 들어오는 것으로 되어 있는데, 도전정신은 모르겠으나 환경보호에 대한 관념은 엉망이라는 것을 보여 주고 있다. 지구 온난화로 북극이 녹고 있으며, 특히 새로운 항로가 개발되면서 더욱 문제라는 언론보도가 계속되고 있는데 이러한 선전은 기업의 이미지에 악영향만 줄 뿐이다. 이에 대한 문제제기에도 꿋꿋하게 광고를 했는데 소비자의 반응에 대한 기업조직의 경직성에도 문제를 노출한 셈이다. 더욱 치명적인 문제는 과학기술의 선도라는 조선업계가 펭귄은 남극에 산다는 기초적인 과

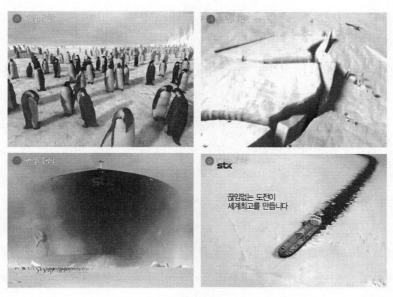

문화마케팅의 예

학지식마저 놓치고 있다는 점이다. STX가 남극과 북극지역 자원개발 및 북극 항로 개발에 적극 나서겠다는 원대한 목표는 아름다울 수 있으나, 도전이라는 기업의 정신과 환경보호라는 시대의 정신을 어떻게 융화시킬 것인가 하는 고민이 있었다면 좀 더 좋은 결과를 만들어낼 수 있었을 것이라는 아쉬움이 든다.

이와는 반대로 문화마케팅을 적절히 사용하여 성공한 예도 있다. 삼성전자의 애니콜 햅틱폰이 대표적이다. 삼성은 '삼성이 만들면 다르다'는 표어처럼 일반적으로 첨단기술과 고가를 내세우는 명품 콘셉트로 대중에게 접근해 왔다. 그러나 햅틱폰은 대중에게 밀착하여 기술보다는 재미를 강조하고, 소비자의 요구를 적극 수용하는 이전과는 전혀 다른 자세로 접근하여 큰 성과를 거두었다.

햅틱폰은 풀터치 스크린 방식으로 신기술이라고 할 수는 없었다. 경쟁 업체인 LG전자는 이미 풀터치폰을 선보여 국내 시장을 선점한 상황이었다. 또한 미국 애플 사가 일으킨 '아이폰' 돌풍에 편승하기 위해 유사 제품을 내놓았다는 혹평을 받기도 했다. 여기에 70만 원대 후반의 비싼 가격 탓에 소수의 마니아를 겨냥한 '삼성전자의 체면유지를 위한 기술 과시용'이라는 평가가 지배적이었다. 이러한 불리함 앞에서 "만져라, 반응하리라"는 선전 문구를 앞세워 감성적인 접근을 시도하여 대중의 관심을 집중시켰다. 기술을 의미하는 테크놀로지(technology)에 재미를 의미하는 펀(fun)을 결합시킨 '펀놀로지'(funnology)를 추구하여, 기술보다 재미를 앞세운 감성전략으로 소비자에게 손쉽게 다가설 수 있었다.

또한 문화콘텐츠의 발전과정에서 볼 수 있듯이 시대변화의 핵심인 '소통'에 주목하여 이미 완성된 휴대폰의 디자인을 변경하는 과감한 행동을 보이기도 했다. 삼성전자는 소비자의 지적을 받아들여 제품의 출시시기를 한 달 가까이

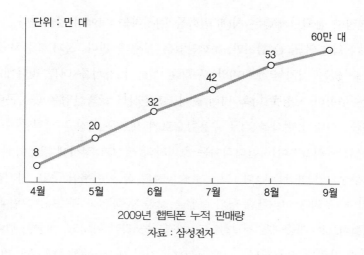

단위 : 만 대

60만 대

53

42

32

20

8

4월   5월   6월   7월   8월   9월

2009년 햅틱폰 누적 판매량
자료 : 삼성전자

늦추고, 이미 만들어진 10억 원대의 휴대폰은 모두 폐기했을 정도로 소통에 적극적이었다. 이렇게 감성과 소통이 적절히 결합되어 비싼 가격에도 출시 6개월만에 60만 대를 판매하는 놀라운 성과를 거두게 된다. 더 이상 오만한 자세로 대중에게 다가설 수 없다. 잉여기술이 생겨날 정도로 품질이 평준화되어 가는 지금, 문화콘텐츠로 대변되는 시대적 변화를 적극적으로 수용하는 것이 기존 사업에게 얼마나 중요한지를 보여 주는 예라고 하겠다.

굴뚝산업의 변천 과정이 우리에게 시사하는 바가 적지 않다. 생산력 시대, 기술력 시대를 넘어 문화의 시대라고 말하는 이미지 시대에 이른 지금 우리의 기업도 발 빠른 대처를 해야 한다. 이는 문화콘텐츠라는 제한된 분야에만 해당되는 문제가 아니라 전사회적인 변화임을 명심해야 한다. 이미 시대는 단순한 물질적 제품만을 파는 시대가 아니라, 서비스와 무형적 가치를 포함하는 포괄적인 요소로 선별적 소비를 하는 시대로 접어들었다. 이러한 흐름에 문화마케팅은 단순한 기교 차원의 문제가 아니라, 근본적인 조직개편과도 연결되는 근본적인 변화이다. 마인드 변화 없는 문화마케팅은 생명력이 없으며, 진정한 문화마케팅은 시대 변화를 직시하는 것에서 출발한다.

굴뚝산업은 '실물'을 팔지만, 문화산업은 '무형'을 판다. 물과 기름처럼 서로 섞일 수 없는 것처럼 보이지만, 무형은 실물의 가치를 더욱 빛나게 하고, 실물은 무형의 지평을 더욱 넓혀 준다. 전통적인 굴뚝산업은 문화콘텐츠로 대표되는 시대적 변화를 적극 수용함으로써 새로운 시장을 개척할 수 있다. 문화산업은 직접적이든 간접적이든 소비자의 정신과 정서에 접근하여, 그들에게 추상적인 환상을 판다. 그렇게 소비자의 꿈을 이루어 주고, 자기만족을 제공한다. 우리는 이러한 무형의 무엇을 보통 '문화'라고 부른다. 그런데 문화가 직접적으로 대중에게 전달한다고 해결되는 것이 아니고, 대중이 받아들일 수 있게 가공되어야 한다. 이때 필요한 것이 바로 문화콘텐츠인 것이다.

일류인가, 삼류인가?

문화는 문화 자체의 흐름으로 결정되는가? 그렇지 않다. 문화는 사회와 함께 숨 쉬는 존재로 사회의 변화를 따라간다. 문화의 변화에 영향을 주는 요소는 여러 가지가 있겠지만, 가장 많은 영향을 주는 것은 외부의 힘, 즉 권력이다. 전통적인 정치권력과 함께 문화산업이 주목을 받으면서 자본권력의 힘이 갈수록 커지고 있다. 이러한 권력은 문화를 자신의 입맛대로 재단하려고 든다.

문화산업이 경제적 측면에서도 주목을 받기 시작하면서 현대의 모든 정부는 문화를 중시하고 있다. 그러나 정부의 정책자들은 종종 문화산업을 문화로 착각하는 1차원적인 경향을 보여 준다. 문화산업의 진흥이 곧 문화의 진흥이라고 본다면 큰 오해이며, 이러한 행위가 오히려 문화에 대한 억압으로 이어지기도 한다. 경제적인 측면에서 문화산업의 진흥은 중요하겠지만, 문화산업에

대한 후원이 곧 문화에 대한 후원은 아니라는 사실 또한 명심해야 한다. 문화
산업은 문화 자체보다도 경제적 이익에 관심을 두는 경우가 많다. 문화가
창작이라면 문화산업은 소비에 방점이 있다. 문화산업은 대중이 문화를 향유
하기 보다는 문화를 소비하도록 하고 싶어 한다. 이에 경향에 발맞추는 정책
이 결코 문화정책이 될 수는 없다.

정치권력은 기본적으로 문화를 통제하고 싶어 한다. 또 조급하게 성과를
내고 싶어 한다. 이러한 특성으로 정부가 문화를 지원하는 것은 매우 위험한
요소를 내포하고 있다. 따라서 지원이 곧 간섭이 되지 않게 매우 조심스럽게
이루어져야 한다. 가장 이상적인 방법은 지원만 하고, 간섭을 배제하는 것인
데, 이 또한 결코 쉬운 일이 아니다. 현실적으로 마치 밑 빠진 독에 물 붓기라는
비판에 직면할 수 있고, 또한 지원이 적재적소에 제대로 쓰이는지를 파악하는
것조차 간섭으로 비칠 수 있다. 이처럼 정부와 문화는 매우 미묘한 관계이다.

정부가 지원만 하고 방관한다면 무사안일·비효율은 차치하고 심지어 부패
마저 감시할 수 없는 상황까지 연결될 수 있다. 하드웨어 중심인 이공계와는
달리 사람들이 만나고, 같이 고민하고, 떠들고 해야만 뭔가 새로운 것이 생겨
나는, 그렇게 무형의 소프트웨어 중심인 문화를 관리하고 평가한다는 것은
쉽지 않다. 고민의 값을 계량화시키거나, 경제적으로 따지는 것은 불가능에
가깝다. 객관적 수치 없이 평가한다는 것 또한 매우 힘든 일이다.

이는 세상과 인간에 대한 '고민'이 중심인 인문학적 특징이며, 여기에 계량
화와 '효율성'이란 잣대를 들이 되면 '가시적 성과'는 대폭 늘어 효율성이
증대하는 것으로 착각할 수 있으나, '대작'은 갈수록 멀어질 수밖에 없다.
이와 같이 즉각적인 '결과'를 만들어 내야 하는 체제와 구조에선 1,000년을
이어온 『삼국지』 같은 대작이 만들어지기도, 50대에 첫 책을 출간한 '이황'이
나 '칸트' 같은 '大器晚成'(대기만성)의 인재가 출현하기도, 방황하던 청소년이

영화 〈공동경비구역, JSA〉와 원작 박상연의 소설 『DMZ』. 박상연은 신춘문예에 공모하여 심사위원의 관심을 받았으나 탈락하는 아픔을 겪기도 한다.

'오바마'와 같은 인재가 되기도 불가능하다.

　이러한 이유로 정부의 투자는 문화에 대한 확실한 인식 없이는 불가능하며, 굳건한 신념 없는 투자는 오히려 재앙이 될 수 있다. 역사의 교훈에서 우리는 정치권력이 문화를 부흥시키기는 어렵지만, 망치기는 쉽다는 점을 배운다. 어떠한 명작도 5분, 아니 1분만 마음대로 편집하면 전혀 다른 영화가 될 수 있다. 예를 들어 흥행 대작인 〈공동경비구역, JSA〉라는 영화는 단 10초면 영화 전체의 성격 자체를 뒤바꿔 놓을 수 있다. 만약 마지막 장면에서 남쪽 병사 역할인 이병헌이 "역시 공산당 놈들은 믿을 수 없어!"라는 대사가 들어가고, 북쪽 병사 역할인 송강호가 "역시 남조선 애들은 순진해."라는 대사가 들어갔다고 생각해 보라. 아마 이 영화는 우리의 분단의 아픔을 다룬 훌륭한 영화에서 반공영화로 재탄생하게 될 것이다. 10초의 간섭이 몇 년의 노력을 뒤집어 버릴 수 있다는 것이 권력통제의 힘이며, 사전검열의 무서움인 것이다.

　문화에 대한 권력의 간섭은 매우 무서운데, 권력은 정치권력만을 말하지 않는다. 특히 우리나라에서는 민주화 이후 가장 문제가 되는 권력은 '자본'이다. 자본의 간섭은 갈수록 심각해지고 있는데, 이는 문화산업의 문화에 대한

문화콘텐츠, 그 경쾌한 상상력

간섭을 의미한다.

　분명 문화산업이 발전하면서 문화에 대한 관심이 전에 없이 높아진 것은 사실이지만, 문화산업이 사회 전반에 퍼지면서 문제점이 없는 것도 아니다. 문화를 창조적이라고 인식하는 것처럼, 어느덧 문화의 자리를 문화산업이 대신하는 경향을 보여 주기도 한다. 오늘날 문화는 제품이 만들어지는 과정과 똑같이 인식되고 만들어져 공급된다. 대중은 수동적으로 문화산업에 흡수되어 진정한 휴식은 없이 소비만을 강요받고 있다.

　매스미디어의 발달과 문화산업의 발전으로 대중문화는 다양화될 것 같지만, 오히려 점점 거대한 투자와 대작을 원하는 대중의 입맛에 맞추기 위해 점차 대규모 기획사와 거대자본의 힘에 의해 독점되고, 이는 도식화된 획일적인 문화를 양상하게 되는 경향을 나타낸다. 기획사의 대규모화는 대작을 만들기 위한 필연적 결과이기도 하지만, 다양한 문화적 시도를 가로막는 요인으로 등장하기도 한다.

　문화산업과 문화콘텐츠가 각광받는 지금 2006년을 기준으로 문화예술인의 55%가 월수입 100만 원 이하라는 보도는 이를 여실히 보여 주고 있다. 군중 속의 고독이라고, 번성 속의 빈곤이다. 자본의 독점 속에 경제적 가치가 없는(?) 수많은 문화는 인기는커녕 생존을 걱정해야 하는 처지이다. 대중은 〈대장금〉, 〈올드보이〉, 〈슈퍼맨〉, 〈대부〉, 〈영웅본색〉 등과 같은 최고의 작품들만 기억하고, 반응하고 움직인다. 이러한 빅히트 작품은 수많은 패러디의 대상이 되어 수많은 아류작품을 만들어 내며 일류로 평가받게 된다. 이러한 작품은 문화적 평가를 넘어 경제적 수익도 엄청나다. 엄밀히 말해 경제적 수익이 문화적 평가를 대신하는 경향이 강하다. 문화산업이 거대화되면서 문화적 가치보다 오히려 경제적 수익과 같은 부가가치가 주요한 평가 기준이 되고 있는 것이다. 이러한 정당화를 통해 대규모 문화기획사는 영세한 규모의 문화단체가 이루어낼 수 없는 제작, 유통, 홍보를 독점적으로 장악하여 문화소비의 전 과정을 주도하고자 한다. 역설적이지만 문화적 가치는 부차적인 것으로 평가받게 되는 경우가 발생한다.

막스 호르크하이머(Max Horkheimer, 1895~1973)가 "가치의 유일한 척도는 얼마나 이목을 끄는가 또는 얼마나 포장을 잘 하는가에 달려 있다. 문화산업의 상이한 예산 배분에 의해 만들어진 가치의 편차는 생산물의 실제적 가치나 의미와는 아무런 관계가 없다."*고 일갈하는 것처럼 문화산업은 점차 문화와 거리가 멀어지고 있다.

경제적 가치가 문화적 가치를 뛰어 넘는 경우 문화와 흥행은 이질적인 요소로 충돌하게 되고, 여러 가지 논란을 불러일으키기도 한다. 문화 평론가와 대중의 마찰이 가장 흔히 볼 수 있는 경우이다. 평론가의 혹평 속에서도 흥행하는 작품이 등장할 때, 사회는 갈등한다. 분야별 전문가와 최종적 소비 계층인 대중의 마찰은 결코 바람직하지는 않지만, 때로는 날카로운 대립전선을 형성하기도 한다. 이러한 대립과 갈등에 대해 고민해 볼 필요가 있다.

전문적 예술가는 대중의 속됨을 한탄할지 몰라도 역사는 대중의 편이다. 긴 시각으로 보면 통속예술은 수많은 풍파를 견뎌 낸 후 '클래식'으로 변화하기도 한다. 귀족 혹은 전문가 영역의 예술은 대중에게 거리를 두며 독야청청하며 고립되다 사라지고, 천박한 대중문화는 때로 거칠고 투박하여 우려를 받지만 주류문화로 부상하기를 반복한다. 이러한 흐름이 반복되지만 새로운 문화가 떠오르면 시대적·지역적 가치와의 마찰은 항상 존재해 왔다.

전문가의 고집과 문화적 감수성을 대중에게 요구한다는 것은 출발부터 무리이다. 전문가는 그 속성상 계몽주의적 성향에서 벗어나기 힘들지만, 전문가

---

* 막스 호르크하이머·테오도르 아도르노 지음, 김유동·주경식·이상훈 옮김. 『계몽의 변증법』. 문학과지성사, 1947; 권용선. 『이성은 신화다, 계몽의 변증법』. 그린비, 2003, 188쪽.

는 대중을 이끄는 것이 아니라, 보조하는 역할에 만족해야 한다. 전문가는 대중에게 훈계하기보다는 그들이 왜 이런 생각을 하는지에 대해 고민해야 한다. 이미 시대는 전문가가 지식과 정보를 독점하여 주도하지 않으며, 대중이 수동적으로 수용만 하지 않고 평론가와 생산자의 역할을 동시에 하는 열린 시대를 향하고 있다.

물론 경제적 가치가 문화보다 우선해도 된다는 이야기는 아니다. 경제적 가치가 문화적 가치를 뛰어넘는 순간 문화산업은 이미 검증되었다고 믿는 '붕어빵'만을 양산하게 된다. 스타 시스템처럼 어떠한 제작 스타일에 문화 창작을 끼워 맞추는 방식으로 일정한 아류를 양산하게 된다. 이러한 흐름 속에 대중은 농락당하기도 한다. 그럼에도 시대는 변화한다. 대중은 사라지지 않지만, 천편일률의 문화산업은 사라지게 된다. 대중문화는 언제나 가장 순종적이면서도 가장 반항적인 측면을 동시에 지녀왔다. 이러한 논쟁에서 자연스럽게 등장하게 되는 것이 삼류 문화에 대한 다양한 시각이다.

문화를 논하면서 일류, 삼류를 나누는 것은 편협한 시각이다. 우월을 가린다는 것은 어떠한 가치관을 기준으로 판단하는 반문화적 접근이다. 그럼에도 불구하고 '삼류'라는 말을 사용하는 것은 학술적인 용어가 아니더라도 사회에서 통용되고 있고, 그 영향력을 발휘하고 있기에 논의를 회피할 수 없기 때문이다. 여기서 삼류는 모든 아웃사이더를 포괄하고, 사회의 조명을 받지 못하는 언더그라운드를 포함한다.

삼류 문화는 대중의 지근거리에서 가장 통속적인 내용을 다룬다. 꼭 그런 것은 아니지만, 삼류 문화에 대한 경제적 이익은 크지 않으며, 보통 생존을 고민해야 하는 처지에 놓이게 된다. 사랑을 받기도 하지만 동시에 탄압과 질시를 받기도 한다. 대중문화 자체도 사회의 문화의 질을 떨어뜨린다는 평가가 있는 마당에 삼류 문화에 대한 평가는 말할 필요도 없다. 심지어 예술이라

3S 정책

대중이 세 요소, 곧 섹스(sex) · 스포츠(sports) · 스크린(screen)을 추구하도록 함으로써 정치적 소외와 무관심을 조장하여, 지배자가 자유로이 대중을 조종하려는 우민화 정책으로 우리나라에서는 5공화국이 대표적으로 꼽힌다.

고 평가받기를 거부당하고, 없어져야 할 쓰레기처럼 평가받기도 한다. 모든 권력과 주류세력은 삼류 문화를 통해 사회의 부정적 측면을 바라본다. 이를 강하게 탄압하여 권력의 통제수단으로 삼거나, 아니면 3S 정책이 대표적이듯 이를 암암리에 권장하여 대중의 관심을 다른 곳으로 돌리려고 한다. 어느 사회든 주류 사회의 관심은 문화 자체가 아닌 권력의 유지에 있다. 기존의 틀을 깨는 삼류 문화가 마냥 달갑지 않은 근본적인 이유가 여기에 있다.

삼류 문화에 대해 전문가는 평가를 회피하거나 심지어 배척한다. 하지만 문화를 고급과 천박한 것으로 판단한다는 것 자체가 문제이다. 우리가 만약 도자기 장인에게 단 하나의 도자기를 구워 완성품을 만들라고 한다면, 그것은 불가능에 가깝다. 그들은 수없는 실패 속에 걸작을 만들어 낸다. 캐릭터산업을 이야기하면서 빠지지 않는 헬로 키티는 연간 10억 달러의 매출액을 기록하는 대표적인 일본 기업 산리오의 상품이다. 헬로 키티라는 히트 상품을 만들기 위한 산리오의 노력은 눈물겨웠다. 이에 대한 산리오 회사의 경영자 쓰지의 발언을 들어보자.

"산리오에서는 지난 35년 동안 450여 개의 캐릭터를 만들었습니다. 하지만 그 가운데 단 하나만이 대성공을 거두었죠. 바로 키티입니다. 캐릭터가 살아남는 기간은 길어야 7년 정도인데 키티는 그보다 더 오래 인기를 누렸죠. 어떻게 키티가 그렇게 오래 버텨 왔는지, 사실 전 잘 모릅니다."*

---

* 켄 벨슨 · 브라이언 브렘너 지음, 윤희기 옮김, 『Hello Kitty 감성마케팅 전략』, 문이당, 2006, 49쪽.

450여 개의 캐릭터 중에 하나가 바로 헬로 키티이다. 수많은 시도가 없었다면, 실패에 대해 두려워했다면 헬로 키티는 만들어지기 힘들었을 것이다. 장인은 보다 완벽한 작품을 만들기 위해 불량 제품을 깨버리는 장인정신을 발휘한다. 이러한 자존심이야 말로 예술가 정신의 기본이기도 하다. 막말로 장인이 잘못된 도자기를 깨버릴 수 있는 이유는 완성품으로 그 손실을 만회할 수 있기 때문이다. 그런데 삼류 문화는 그런 보상이 없다.

정치·경제·문화전문가 등 모든 권력은 삼류 문화에 대하여 일정한 통제를 가해야 안심하겠지만, 이러한 통제를 긴 시각으로 보면 대체적으로 어이없는 행위였던 경우가 더 많다는 사실을 명심해야 한다. 오히려 삼류 문화가 활성화된 지역이 더욱 건강한 사회이다. 삼류 문화를 통제하는 것은 '건전한 문화'를 양성하는 것 같지만, 이는 마치 화분 속에서 아름드리 나무를 기대하는 것과 같이 기형적이다. 그리 오래갈 수 없다.

속되고 천박하다고 삼류 문화를 말살하는 것은 매우 우매한 짓이다. 잡초를 없애기 위해 제초제를 뿌리면 결국 모든 식물이 살 수 없는 땅이 된다. 오늘의 잡초가 내일의 황금 알을 낳는 거위가 될 수 있다는 사실을 명심해야 한다. 문화산업이 검증된 품종을 재배하여 수확을 통해 이익을 얻는 것이라면, 문화는 수많은 잡초를 키우는 것이다. 이렇게 다양한 식물 속에서 새로운 작물이 등장하게 되는 것이다. 연꽃이 진흙에서 피어오르듯 모든 문화는 삼류라는 밑거름 속에서 자란다는 사실을 잊어서는 안 된다.

문화에서 일류와 삼류의 관계를 재정립해 볼 필요가 있는데, 문화의 토대는 일류가 아닌 삼류 문화에 있다. 건강성도 소수의 전문가나 일류가 아닌 삼류에 있다. 삼류는 거름처럼 모든 문화의 밑거름으로 다양성을 제공한다. 일류는 언제나 유행처럼 수많은 아류작을 만들어 내어 결론적으로 하나의 획일성을 조장할 뿐이다. 마치 경제에서 중소기업과 대기업 사이의 관계와 비슷하다. 따라서 모든 공공의 자원은 일류를 지향해야 하지만 삼류를 지원해야 한다.

산리오의 450여 개의 캐릭터 중에 하나가 바로 헬로 키티이듯, 수많은 삼류 속에서 일류가 탄생할 수 있다. 수많은 삼류 문화가 없었다면 할리우드의 대작은 불가능했을 것이다. 획일적 관점과 단기적 성과로 모든 것을 재단하다가 보면 문화는 자생적 생명력을 잃어버리게 될 뿐이다. 문화산업의 경영자와 전문가는 종종 자신이 대중보다 우월한 위치에 서 있다는 사실을 당연시한다. 그들은 대중보다 뛰어난 지식과 경험을 가지고 있어서 대중을 압도할 수 있다고 생각한다. 그러나 이는 어디까지나 착각일 뿐이다.

헬로 키티에 대한 첫 반응은 어떠했을까? 개발자 시미즈는 다음과 같이 말했다.

"솔직히 말씀드리면 헬로 키티를 처음 봤을 때 전 그저 그렇게 나쁘지 않은 인상만을 받았을 뿐입니다. …… 당시 저는 헬로 키티가 산리오를 대표하는 캐릭터가 되리라고는 꿈에도 생각하지 못했지요. 키티의 등장은 저작권산업에 대한 저의 꿈을 실현시키기 위한 중요한 발걸음이었답니다."*

헬로 키티는 엄청난 흥행을 거두었지만, 개발자조차도 대단하다고 느끼거나 대중의 반응을 확신하지 못했다. 그럼에도 헬로 키티는 세계적인 성공작이 되었다. 우리가 왜 수많은 잡초를 후원해야 하는지 이유는 분명하다. 그 잡초 속에 얼마나 많은 헬로 키티가 있을지 모르기 때문이다.

경영자와 전문가가 대중을 앞서가겠다는 오만은 위험하다. 대중의 흐름을 파악하고 있고, 대중의 반응방식을 알며, 대중의 선택 기준을 안다고 확신하는

---

* 위의 책. 104-105쪽.

문화와 문화산업에 있어서 각 주체의 역할

분 류	문 화	문화산업
주요 후원주체	공공단체(정부)	이익단체(기업)
주 투자 대상	비인기 부문	히트 상품
	삼류	일류
	문화원형	문화활용
활동 주체	마니아적 예술인	대중 예술인
	문화콘텐츠	

순간 대중과의 거리만 멀어진다. 대중은 실험실 속의 개구리가 아니다. 대중의 반응은 흐르는 물과도 같다. 표면의 흐름은 단순하여 예측 가능하지만 물 속 깊은 흐름은 요동을 치는지, 멈춰 있는지 파악하기가 쉽지 않다. 섣부른 속단은 위험하다.

전문가와 대중이 엇갈려 나갈 때 투자자는 대중을 선택한다. 이때 문화는 대중과 거리가 생겨나고, 대중에게 관심받지 못한 문화는 생존을 걱정해야 한다. 여기서 정부를 중심으로 한 공공단체의 역할이 필요해진다. 정부는 문화산업을 중시하는 것 못지않게 그 토대가 되는 이익과 연결되지 않는 수많은 부분에 투자하고 후원해야 한다. 이러한 밑거름이 문화산업의 미래를 밝히는 것이며, 다양한 창작을 가능하게 하는 것이다.

이처럼 문화와 문화산업에 있어서 공공(정부)과 산업의 역할은 다를 수밖에 없다. 공공단체가 가시적이고 단기적인 성과에 집착하여 자신의 역할을 착각해서는 문화와 문화산업의 미래는 어둡기만 하다. 그 대표적인 예가 바로 한국 관광산업이다.

경상수지 적자가 크게 증가하고 국제수지 방어가 현안으로 등장하면서 무역수지를 뛰어넘는 여행수지 적자를 우리는 고민한다. 이러한 대처로 해외여

우리의 시각이라면 '당연히' 재개발해야 할 체코 프라하 문화유산. 관광자원이 없는 것이 아니라 우리가 없애 버렸고, 지금도 없애고 있는 우리의 재개발 광풍. 초가집도 없애고 마을길도 넓히는 '금지'로 우리는 지금도 아파트를 짓고 있다. 과연 우리는 기억에서 사라져 가는 초가집을 우리의 문화유산이라고 할 수 있을까?

1904년의 진고개

2010년의 서울

행 자제나 혹은 국내에 외국인을 위한 편의시설 확충 등을 대책으로 내놓는 경우가 반복되곤 한다. 하지만, 한국 관광에 있어 문제점은 '외국어'와 같은 편의시설이 아니라 '볼 것이 없다'는 것이다. 관광산업의 경쟁력은 보통 서비스, 비용, 관광 상품의 측면에서 평가하는데, 본질은 관광 상품에 있다. 해외여행의 핵심은 익숙함보다는 낯설음에 있다. 본국에서 느끼지 못하는 무엇인가를 보기 위해 비싼 돈을 주고 어려운 경험을 선택하는 것이다.

한국은 익숙함도 없고, 낯설음도 없으니 올 이유가 없는 것이다. 뉴타운 열풍에 휩싸인 한국 사회에서 설마 아파트 보라고 오라고 할 수는 없지 않겠는 가. OECD 최고의 노동시간을 자랑하며, 일에 치여, 삶에 치여 '돈'만을 외치는 사회에 왜 와서 돈을 써야 하겠는가. 천연적인 자연 관광자원이나 피라미드 같은 유물자원이 없는 우리에게 남겨진 것은 생활문화뿐인데, '우리의 생활은 과연 얼마나 문화적인가? 그래서 얼마나 즐길 만한가?'를 반문해 볼 필요가 있다.

이는 우리 사회가 어떻게 살아 왔고, 어떠한 방향으로 나가고 있는지에 대한 반문이기도 하다. 꿈은 커야 하나 평가는 냉철해야 한다. 관광 상품에서 볼거리, 먹을거리, 즐길 거리가 부족하다는 것은 바로 우리 일상생활을 대변하는 것이다. 우리나라 관광자원은 일상의 연속이어야 한다. 지역주민이 참여하고 즐기지 않은 축제가 성공할 수 없듯이, 국민의 생활에 대한 고민 없이 한국 관광산업이 국제경제력을 가지기 힘들다. 관광은 먹고 마시고 노는 사치성 소비산업이다. 때문에 부가가치 또한 크다. 여기에 의미와 재미를 덧붙여 주는 역할이 관광이다. 그런데, 문화공연 한 번 보기 쉽지 않을 정도로 우리의 정신과 삶이 찌들어 있는데 어찌 관광상품이 발달할 수 있겠는가.

유럽은 관광명소이다. 우리는 왜 유럽을 선호하고, 가고 싶어 하는가? 그곳에는 피라미드도 없고, 세계에서 가장 높은 빌딩도, 초호화 아파트도 없다. 우리는 '초가집도 없애고 마을길도 넓히면서' 발전하였다. 우리는 이를 자랑스럽게 생각하였지만, 유럽은 아직도 17, 18세기의 건물과 삶으로 관광객을 끌어 모으고 있다. 재개발을 단순히 아파트 건설로 생각하는 천박함이 휩쓰는 사회에서, 전국의 도시가 고유의 특성을 잃어버리고 비슷비슷한 모습으로 변모하였고, 모두 일류라고 믿는 획일적인 한 가지만을 추구하는 한국 사회에

미국 캔자스시립도서관(Kansas City public library)

건축물은 단순한 시멘트 덩어리가 아니라 삶의 공간이자 가치의 표현이다. 우리는 무엇을 추구하는가?

삼성상(三星像)인 염제신농, 황제헌원, 치우천황이다. 중국 텐즈 호텔(天子酒店)

일그러진 집으로 불리는 폴란드의 '크로크드 하우스'(crooked house)이다.

서 각 지역의 특유한 관광상품을 기대하기란 어려울 수밖에 없다.

문화에 있어서 공공단체(정부)와 문화산업(기업)의 역할은 성립 목적의 차이만큼이나 큰 차이가 난다. 공공을 위한 추구와 이익에 대한 추구가 일치되는 경우도 없지는 않겠으나 그 차이는 명확한 편이다. 각 주체는 기본적인 성향을 잘 이해하고 대처해야 한다. 공공단체는 비인기 부문과 삼류에 투자를 해야 한다. 단순한 잡초가 대중에 의해 '꽃'이라는 명명되는 순간 그들은 탐스러운 열매가 되는 것이다. 잡초가 모든 문화의 원천이다.

디지털 시대에 들어서면서 기존의 문화는 큰 변화를 맞이하고 있다. 새로운 환경을 맞아 디지털의 무한복제로 인해 타격을 받고 있는 경우도 적지 않지만, 새로운 활력을 얻기도 한다. 앞에서 이미 이에 대해 논의를 했지만, 이를 다른 측면에서 살펴볼 필요가 있는데, 명품과 짝퉁의 관계가 대표적이라 하겠다. 삼류는 짝퉁과 통하기도 한다.

우리는 1만 원짜리 저가 핸드백과 몇 천만 원짜리 명품 핸드백을 동시에 파는 시대를 살고 있다. 저가를 기본 전략으로 삼는 기업이 새로운 제품을 위한 디자인이나 기술을 개발하기는 쉽지 않고, 그들이 가장 쉽게 선택할 수 있는 방법은 모방이다. 여기에서 한발 더 나가, 짝퉁을 만들기도 한다. 저작권이 중시되면서 모든 짝퉁은 불법으로 당연히 절대적인 악으로 평가받고 있지만, 그 역할에 대한 냉철한 평가를 해볼 필요가 있다. 짝퉁은 꼭 나쁘기만 한 것일까? 꼭 그렇지는 않다.

짝퉁의 등장은 어떠한 제품의 사회적 영향력을 보여 주는 단면이다. 흥행작이 수많은 패러디 작품과 아류를 만들어 내는 것처럼 당연한 현상이기도 하다. 오히려 짝퉁이 전혀 없다는 것은 그 제품이 명품처럼 사회의 주목을 받지 못하고 있다는 사실을 증명하는 것이기도 하다. 약간의 물이 불을 더 잘 타게 하듯이, 약간의 짝퉁은 명품의 권위를 더욱 높여 준다. 대부분의 소비자는 그것이 짝퉁임을 알면서도 구입하는 경우가 많다. 여러 가지 이유로 진품을 구매할 수 없기에 어쩔 수 없기에 가짜임을 알면서도 짝퉁을 통해 명성을 누리고 싶어 하는 것이다. 짝퉁 속에 진품의 명성은 더욱 높아진다. 결국 짝퉁 구입자는 일정한 조건만 갖춰지면 명품을 살 수 있는 미래의 고객이다. 또한 짝퉁은 명품을 사회에 인식시키는 움직이는 광고의 역할도 한다. 명품의 특성상 대량생산 체제가 아니기에 소수의 구매자에게 집중된 홍보를 하기 때문에 대중의 인식은 상대적으로 떨어지기 쉬운데, 짝퉁 구매자는 주변에 이를 홍보하는 역할을 해줌으로써 저변을 넓혀 준다. 물론 일부일 때 이야기 이지만, 경제적 이익과도 연결된다.

문화에서 짝퉁은 어떻게 해야 하는가? 이를 보호해줄 수 있는 1차적 방법은 저작권이다. 하지만 저작권의 칼날은 다른 문화 생산자를 대상으로 해야지 직접 소비자인 대중을 향하면 결과적으로 대중의 반발을 사서 전체 시장의 규모를 줄이는 우를 범할 수 있고, 실효성도 떨어지며, 상대비용도 만만치 않다. 대중을 상대하는 대중문화가 대중에게 직접적인 칼날을 겨눌 수 없다는 점은 매우 치명적이다. 하지만 이는 변하는 시대에 적응하려는 새로운 노력으로 풀어야 할 문제이다. 가장 쉬운 시도는 새로운 후원세력을 찾거나 심리적 동질성을 끌어내어 구매하도록 하는 방법이다.

예전의 예술은 후원자의 후원으로 대중과 접촉할 수 있었다. 이러한 고전적인 방법이 바로 디지털 시대에 소수의 문화가 살아날 수 있는 방법이기도 하다. 특히, 소규모 문화 주체는 문화산업이 대중에게 직접적인 이익을 얻는 것과 더불어 제3의 후원자를 둠으로 보다 쉽게 대중에게 접근할 수 있다. 기업의 후원이 가장 일반적인 방법으로, 다양한 시도가 가능하다. 기업의 공공성에 대한 요구를 가장 잘 해소할 수 있는 부분이 문화에 대한 투자이며, 기업 이미지 제고를 위한 좋은 방법이기도 하다.

다른 방법은 컬러링처럼 개인의 특수성을 만들어 내어 문화와 개인이 심리적 동질성을 느끼게 하는 방법이다. 심리적 동질성은 아날로그적인 방법의 핵심이다. 무한복제가 가능하더라도 특정시간 특수한 장소에 대한 개인이 만들어 내는 아날로그의 느낌을 줄 수 없다. 초라한 카페도 개인적인 인연이 있으면 찾게 되듯이, 이러한 아날로그적 가치를 부가함으로써 문화는 새로운 부가가치를 얻어낼 수 있다. 역사는 오래된 미래라는 말처럼 디지털 시대의 해법도 과거의 경험에서 찾아야 한다.

문화콘텐츠의 빛과 그림자

문화산업의 발전과 달리 문화콘텐츠가 인문학의 관심을 받게 된 이유는 문화 콘텐츠가 산업 중에 드물게 인문학과 연결이 가능한 부분이기 때문이다. 문화 콘텐츠의 기본이 되는 문화원형은 인문학의 참여가 필연적이다. 여기에서 문화산업의 변화를 약간 설명할 필요가 있다. 기존의 대중문화는 창작과 소비 가 일방통행이지만, 인터넷 등의 다양한 소통 통로가 생겨나면서 점차 쌍방향 으로 바뀌게 되었다. 기존의 전문가 위주의 문화산업은 대중과의 소통을 통해 서 완전히 달라진다. 대중의 다양한 취향에 맞는 보다 다양한 콘텐츠가 필요 해졌다. 그래서 문화콘텐츠가 다시 주목을 받게 된다. 기존의 문화산업이 일부 공연 예술과 산업의 만남이었다면, 지금의 문화산업은 영역이 대폭 넓어 져서 대중(문화)과 산업의 만남이다.

　소비자의 구매가 '절대적 이성'보다도 '개인적 감성'의 영향을 더 받는다는 '이성을 바탕으로 한 근대적 사고관념'을 뒤집는 소비 형태에 대한 연구의 결과가 등장하면서 산업계는 문화마케팅에 주목하게 된다. 이성보다 감성이 중요하다는 사실은 근대 이성에서 포스트모더니즘으로의 전환을 말하는 것이 다. 이는 통계를 바탕으로 한 사회학보다 감성을 바탕으로 한 인문학적 접근 이 대중에게 더 효과적이라는 의미이기도 하다. 소비 사이클이 빨라지면서 감성적 접근에 대해 고민하게 되고 또한 다양한 새로운 콘텐츠가 필요해지자 그동안 숨겨져 있던 다양한 소재들이 부각되기 시작했다. 감성적 접근이 가능한 역사, 설화, 전설, 민담 등 다른 영역들이 문화산업의 영역으로 들어오게 되고, 이를 바탕으로 의식주를 비롯한 생활양식과 환경, 역사기록 등도 문화산업에서 필요해지면서 이 모든 것이 문화콘텐츠의 영역이 되었다.

이와 같은 이유로 문화콘텐츠를 인문학과 산업의 만남으로 이야기하기도 하고, 문화콘텐츠의 육성은 인문학과 산업을 동시에 살리는 길이라고도 한다. 이미 익숙해진 '인문학의 위기'라는 말에서 문화콘텐츠는 하나의 대안으로 떠오르고 있다. 이는 기존 인문학의 '확장'을 의미한다. 디지털과 인터넷이라는 새로운 환경을 통한 확장이 가능한가? 가능하다면 어떤 방식으로 또 어떤 수준까지 가능한지에 대한 고민이기도 하다.

> **CT와 6T**
> 2002년에 정부는 소위 6T 산업을 국가전략산업으로 정해 공식화시켰다. 6T는 IT(정보통신기술), BT(생명공학기술), NT(나노공학기술), ST(우주항공기술), ET(환경공학기술), 그리고 CT(문화산업기술)이다. 6T 산업은 미래를 여는 첨단산업이며 부가가치가 가장 높은 전략산업이다.

하지만 문화콘텐츠를 인문학과 바로 연결하는 것은 무리가 있다. 지금 주목받는 문화콘텐츠를 보통 'CT'라고 하는데, CT는 'Culture Technology', 'Cultural Technology' 또는 'Culture & Content Technology'의 약어로, 보는 시각에 따라 문화산업, 문화예술산업, 문화콘텐츠기술, 문화콘텐츠산업 등 해석이 다양하다. 핵심은 문화이지 인문학이 아니다. 대표적인 예로 뽑히는 미국의 할리우드 영화, 일본의 애니메이션, 캐릭터산업, 유럽의 디자인산업 등을 보더라도 결코 인문학이 중심에 있지 않다.

문화원형을 발굴하고 만들어 내는 부분에 있어 인문학의 참여가능성은 높지만, 산업적 측면이나 기술적 측면도 이에 못지않게 중요하다. 인문학이 보조적 역할임을 명심해야 한다. 전통적인 문화산업이었던 미술, 음악, 출판, 영화, 방송, 박물관 등도 마찬가지지만, 새로 주목받는 게임, 애니메이션 등에서도 인문학은 역시 보조적 역할이다. 그럼에도 불구하고 인문학의 필요성이

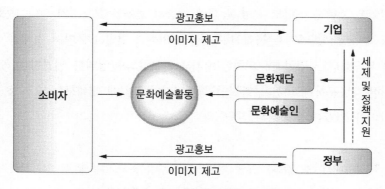

문화마케팅과 관련된 각 주제들의 상호관계

커졌다는 점은 긍정적인 측면이다.

문화콘텐츠를 중심으로 한 문화산업의 비중은 날로 증대하고 있는 것이 시대적 추세이다. 이에 맞춰 문화콘텐츠의 영역은 일상적인 삶의 모든 영역을 포괄할 정도로 광범위하여 개발 가능성이나 발전 전망도 밝지만, 그것이 바로 인문학 흥행으로 연결되는 것은 아니다. 이렇게 주도하는 것도 아니고, 일부를 차지하는 것이지만, 문화산업의 전체 규모가 커지면서 인문학에게는 새로운 탈출구가 되고 있다. 결코 무시해도 좋을 정도가 아니다. 무시하고 방치하면 오히려 인문학이 필요한 부분을 인문학도에게 맡기지 않고, 다른 분야에서 인문학적 부분을 차지해 버릴지도 모른다. 그렇다면 인문학의 위기는 더욱 심해질 것이다.

문화콘텐츠의 성공은 문화(지식)와 기술, 그리고 산업의 만남으로 창조적인 결합이 이루어져야 가능하다. 여기에 인문학의 역할이 있다는 것 자체만으로도 커다란 기회라고 봐야 한다. 하지만 기존의 인문학적 분위기와는 다른 환경에서 방황만 할 수도 있다. 보다 적극적으로 변화를 받아들이는 자세를 가져야만 새로운 변화에 적응할 수 있을 것이다.

산업은 소비를 원하고, 소비를 위해 대중의 관심을 모으고자 한다. 문화산업의 속성도 마찬가지로 문화적 가치를 고려하고 고민하기 앞서 경제적 이익만을 추구한다. 이는 매우 위험한 행위로 반문화적 행동과도 연결될 수 있다. 이러한 대중문화에 대한 문화산업의 부정적인 성격에 대해서는 막스 호르크하이머의 일갈이 날카롭다.

독점하에서 대중문화는 모두 획일적인 모습을 하고 있는데, 독점에 의해 만들어지는 대중문화의 골격과 윤곽이 서서히 드러나기 시작한다. 대중문화의 조종자들은 독점을 숨기려 하지도 않는다. 독점의 힘이 강화될수록 그 힘의 행사도 점점 노골화된다. 영화나 라디오는 더 이상 예술인 척할 필요가 없다. 대중매체가 단순히 '장사' 이외에는 아무것도 아니라는 사실은 아예 한술 더 떠 그들이 고의로 만들어 낸 허섭쓰레기들을 정당화하는 이데올로기로 사용된다. 그로써 그들의 생산물이 사회적으로 유용한가 아닌가에 대한 의심은 충분히 제거된 것으로 간주한다. 문화산업은 그것이 만들어 내는 가시적인 효과나 기술의 측면을 작품 자체보다 더 높이 평가하고자 하는 속성을 지닌다. (중략) 이윤을 창출한 대중문화의 주체는 자신의 수입을 공개함으로써 자신의 생산물이 얼마나 사회적으로 유용한가를 증명하려고 한다. 그들은 자신들이 만들어 낸 상품을 소비자가 '요구하게 되는' 것이 아니라, 소비자가 욕구하는 것을 자신들이 만들어 낸 것이라고 말한다.*

비록 시대가 지금과는 차이가 있지만 그의 시각은 여전히 유효하다. 소비, 즉 경제적 이익이 최종목표이다 보니 본질이 뒤집혀 문화를 육성하기보다는 하나의 수단으로만 이용하여 문화의 뿌리를 약화시키는 결과를 불러오기도

---

* 권용선. 앞의 책. 175-180쪽.

한다. 연극에 대한 투자는 없이, 그저 새로운 연기자나 이야기의 보급처로만 생각한다면 진액이 다 빨린 연극은 살아남기 힘들 것이다.

2002년 월드컵은 우리 사회를 들썩이게 만들었다. 사람들을 만나서 축구를 빼면 할 이야기가 없을 정도로 우리 사회는 축구에 미쳐 있었다. 이런 분위기 조성에 '붉은악마'의 역할은 지대했다. 축구 팬의 모임이었던 붉은악마는 연일 늘어나는 회원을 감당하기 힘들 정도였다. 대표팀의 성적도 좋아 세계 4강이라는 믿기지 않는 성과를 거두기도 했다. 짜릿했던 '대~한민국'이라는 구호는 우리를 들뜨게 했고, 축구는 모든 생활의 일부가 되는 듯했다.

그러나 열광에도 불구하고 그림자는 너무 짙었다. 환호가 축구에 대한 관심으로는 이어지지 못했다. 지금 K리그는 관중 부족으로 몸살을 앓고 있고, 국가대표 경기만 어느 정도 주목을 받을 뿐이다. 여기서 우리는 평소에 깨닫지 못했던 생활문화의 일부를 볼 수 있다. 우리의 열광적인 응원을 두고 '광기'라고 평가했던 박노자의 주장을 떠올려 볼 필요가 있다. 그의 주장에 동의하지 않더라도 그 뜨거운 열기가 이렇게 쉽게 식을 수 있다는 것은 납득하기 어렵다. 이를 냄비근성이라고 할 수 있지만, 근원은 다른 곳에 있다. 이는 '대~한민국'이라는 구호에서 나타났듯이 우리가 축구의 본질이 아닌 외형만 좋아했던 결과이다.

우리는 축구가 아닌 국가를 응원했던 것이다. '국가주의에 묶인 문화'는 지금도 전혀 변하지 않고 있다. 그것은 스포츠 뉴스를 보면 가장 잘 드러난다. 우리는 축구를 이야기하지만 여전히 '맨유의 경기'가 아니라 '박지성의 경기'를 좋아한다. 메이저리그가 아닌 박찬호가 관심의 대상이다. 전체 스포츠의 입장에서 뉴스를 전하는 것이 아니라, '국가'를 중심으로 뉴스를 전하고 있는 것이다. 해외 스포츠도 미국을 중심으로 한 편협한 시각에서 벗어나지 못하고 있다. 박지성이 골을 넣었다는 소식을 전하면서도 경기 결과마저 전하지 않는

세계적인 F-1 대회를 개최하고 있는 일본, 말레이시아, 중국

월드컵 열광은 K리그의 관중 부족으로, 결국 A매치마저 관중 부족으로 이어졌다.

경우도 허다할 정도로 주객전도가 보통이 아니다. 그럼에도 우리 사회는 이러한 방식에 중독되어 있다. 심지어 이에 대한 문제의 심각성도 깨닫지 못하고 있다.

올림픽이나 월드컵과 함께 거론될 정도로 세계적으로 명성을 얻고 있는 F-1(포뮬러 원; Formula One)도 모르고, 일본, 말레이시아, 중국이 개최를 해도 관심이 없다. 심지어 우리나라에서 유치했음에도 경기 자체보다 우리 선수가 참여하고 있지 않기 때문인지 무관심은 여전하다. 세계화를 주창하며, 선진국이 코앞에 있다고 하면서도 세계적으로 가장 보편적인 스포츠 경기 중의 하나인 F-1의 경기결과조차도 전하지 않는 것이 우리의 스포츠 뉴스이다. 우리의 스포츠는 경기 자체가 아니라 '국위선양'을 해야 주목을 받는다.

이러한 단편적인 인식으로 외국을 본다. 외국을 알기 위해서는 그들의 역사나 환경과 같은 지식도 중요하지만, 보다 깊은 이해를 위해서는 그들의 인식과 정서를 파악해야만 한다. 그 가장 좋은 방법이 언어를 터득하는 것이다. 언어는 단순히 말하는 기교가 아니라, 사고체계를 인식하는 방법이다. 이러한 사전 이해나 뚜렷한 목적 없이 단순히 몰입교육으로 언어를 터득한다고 그 나라를 이해하는 것은 절대 아니다. 그럼에도 우리는 언어기교만을 강조하고, 그것이 전부라고 생각한다. 언어만 하면 모든 것이 해결된다고 착각한다.

단편적인 인식이 문화정책에도 그대로 반영되고 있다. 히트작이 몇 편이냐, 한류 작품이 얼마나 수출이 되느냐가 문화정책의 성공과 실패의 판단기준이 되고 있다. 현장에서는 축구가 아닌 국가를 사랑하듯, 문화를 사랑하는 것이 아니라 문화의 외형만 좋아하는 현상이 종종 벌어지고, 정부를 중심으로 공공단체는 단기적 성과에만 집착하고 있다. 축구가 월드컵 4강을 해도 생활체육에 별다른 관심이 없듯이, 영화가 히트치고 뮤지컬이 흥행을 해도 생활문화에는 큰 관심이 없다. 이런 점에서 우리의 문화에는 어두운 그림자가 그리워져 있고, 문화의 저변은 급속도로 악화되고 있다고 할 수 있다.

2007년도 문화부의 '2006년 문화예술인 실태조사' 발표를 보면 우리 문화가 얼마나 심각한 위기에 놓여 있는지 알 수 있다. 연합뉴스에 따르면 2006년 문화예술인 중 조사자의 26.6%는 문화예술활동과 관련해 수입이 전혀 없다고 응답했다." 또한 문화예술인 55%는 월수입이 100만 원 이하이며, 직장·부업 등 수입 합쳐도 100만 원 이하가 20.3%이다. 또 2008년 11월 3일 일간스포츠의 '스페셜리포트'에 따르면 '연예인의 63%, 100만 원대의 월급 받는다'고 한다. 또한 '가수들, 연소득 100만 원 이하 37%'라는 다소 충격적인 보도를 하고 있다. 그럼에도 불구하고 우리는 문화의 위기라고 하지 않는다. 별다른 관심조차 없기 때문이다.

1,000만 명을 동원한 대작이 나와도 스태프들은 배를 움켜쥐고 문화가 아닌 생존을 고민해야 한다. 오죽하면 문화인들이 문화예술 발전을 위해 정부가

가장 역점을 두어야 할 정책으로는 '예술가나 단체에 대한 경제적 지원'(32.1%)을 가장 많이 꼽았을 정도다. 현재 우리의 문화는 예술이나 창작에 대한 고민이 아닌, 생존을 고민하고 있는 상황이다. 이러한 어두운 그림자를 무대의 화려한 조명을 받는 몇몇 대작이 가리고 있는 것이다.

경제가 어려울수록 문화의 힘은 놀라운 효과를 발휘한다. 케냐의 '지라니 합창단'이 좋은 예일 것이다. 빈민촌을 바꾼 것은 경제지원이 아니라 문화지원이었다. 굶어 죽지 않는 것이 희망이었던, 아니 희망조차 사치였던 지역에서 합창단은 희망과 활력을 만들어 냈다. '노래는 아이들의 표정부터 변화시켰고, 그 변화는 아이들의 삶으로 이어졌다.' 단기적인 시각으로 문화 전반에 대한

케냐 '쓰레기 마을'의 아름다운 한국인

케냐의 수도 나이로비의 모든 쓰레기가 모이는 고로고초 마을. 무려 3만 명의 주민들이 하루 종일 쓰레기 산을 뒤지며 하루하루를 살아간다. 희망이란 없을 것 같던 이 쓰레기 마을에 행복한 노래가 울려 퍼지기 시작했다.
변화의 시작은 한국인 임태종 씨가 쓰레기 마을 아이들과 함께 만든 '지라니 합창단'이다. 악보 보는 법도 모르던 아이들이었지만 오랜 연습으로 이젠 아름다운 화음을 노래한다.
노래는 아이들의 표정부터 변화시켰고, 그 변화는 아이들의 삶으로 이어졌다. 쓰레기더미 속에서 미래 없이 살아가던 아이들이 아름다운 노래를 통해 희망을 품기 시작한 것이다. 이 놀라운 변화는 한 사람의 노력에서 시작됐다.

자료 : MBC 'W' 스페셜, 희망을 만드는 사람들 조명

투자를 줄인다는 것은 너무도 단순한 생각이다.

우리나라 영화 〈올드보이〉가 역대 최고의 영화 64위에 올랐다고 해서 화제가 된 적이 있다. 영국 영화전문지 『엠파이어』지 선정, 역대 최고영화 500에서 높은 평가를 받은 것이다. 연합뉴스의 관련 기사를 보면, "엠파이어 매거진이 최근 1만 명의 영화팬들과 150명의 할리우드 감독들, 50명의 평론가가 참여한 가운데 역대 최고의 영화를 묻는 설문조사를 실시한 결과 '올드보이'는 아시아 영화 중 일본 영화 '7인의 사무라이'(50위)에 이어 두 번째로 높은 64위에 랭크됐다."고 전하고 있다. 우리나라 영화가 높은 순위에 오른 것은 자랑스러운 일이다. 그러나 우리의 시각을 조그만 넓혀 보자.

이 통계에서 문화콘텐츠의 성공한 예로 뽑히는 일본의 애니메이션도 빠지지 않았다. 올드보이 자체가 일본 만화를 재창작한 것이다. 491위의 〈벤허〉보다 높은 점수를 받은 일본 애니메이션으로는 275위를 차지한 〈이웃집 토토로〉(My Neighbor Totoro, 1988)를 비롯하여 339위의 〈센과 치히로의 행방불명〉(Spirited Away, 2001), 488위의 〈월령공주〉(Princess Mononoke, 1997), 440위의 〈아키라〉(Akira, 1988) 등이 있다. 이러한 성공이 다양한 인문학적·문화적 토대 없이 이루어지기는 불가능하다. 따라서 일본 애니메이션은 단순한 상품이 아니다.

〈이웃집 토토로〉, 〈센과 치히로의 행방불명〉, 〈월령공주〉, 〈아키라〉

세계 영화인이 뽑은 500대 영화 속에 일본 애니메이션은 몇 작품이나 뽑힐 정도로 세계의 주목을 받고 있다. 위에 거론한 작품 이외에도 우리에게도 너무나 익숙한 〈은하철도 999〉, 〈미래소년 코난〉, 〈기동전사 건담〉 등 수많은 작품들이 세계인의 사랑을 받았다. 애니메이션 감독도 미야자키 하야오를 위시로 하여 와타나베 신이치, 안노 히데아키, 오시이 마모루, 오토모 가츠히로 등 수많은 세계적인 스타를 배출하고 있다. 이러한 영향력으로 인해 만화의 일본말인 '망가'(まんが)는 이미 세계적인 공통어처럼 통용되고 있기도 하다. 또한 자신만의 독특함을 지니고 있는 이러한 일본 애니메이션을 재패니메이션이라고 따로 부르기도 한다. 〈매트릭스〉가 일본 애니메이션 〈공각기동대〉의 영향을 받았다는 너무나 유명한 일화처럼 세계 최고라는 미국의 할리우드의 수많은 영화도 일본 애니메이션의 영향을 많이 받았다.

일본의 애니메이션은 단순히 영상과 기술의 산술적 만남이 아닌 세계의 다양한

〈공각기동대〉와 〈매트릭스〉

문화와 일본 고유의 문화를
자유로운 상상력 속에 엇섞
어 녹아들도록 만들었기에
가능했다. 성공의 밑바탕에
는 일본의 잘 보존되어 있는
다양한 지방문화, 잘 정리되
어 있는 고대의 귀신, 전통
사유체계와 같이 실생활과
거리가 먼 자료 등, 기초 토

원작 일본 만화 『올드보이』와 일본에 진출한 영화 〈올드보이〉 포스터

대에 관한 연구와 정리가 충실했기에 가능했다. 문화와 인문학이 살아 있었기
에 세계적인 애니메이션이 쏟아져 나오는 것이다.

우리나라 문화콘텐츠와 문화산업이 많이 발전한 것은 사실이다. 언제나
모방의 대상이었던 일본이 우리 콘텐츠를 좋아하고 심지어 모방하기도 한다.
더 이상 일방적인 문화수입국이 아니라 게임, 드라마, 영화 등을 앞세워 세계
각국으로 진출하고 있다. 외국에서 환영받는 이러한 현상을 한류라고 하여
우리를 들뜨게 한다. 하지만
문화콘텐츠의 발전이 곧 문
화의 번영은 아니다. 그러나
문화의 저변이 약화되면 문
화콘텐츠는 발전할 수 없다.
문화는 당장의 경제적 이익
을 보장하지 않는다. 이러한
딜레마를 직시한다면 공공단
체의 지원이 문화산업이 아

우리나라 영화 〈장화, 홍련〉과 흡사하여 표절 논란을 일으킨 일본 영화포스터

김동화, 『기생 이야기』 · 『빨간 자전거』　　　이두호, 『임꺽정』　　　박희정, 『호텔 아프리카』

프랑스에 진출한 한국 만화

닌 문화 자체에 이루어져야 한다. 인문학에 대한 지원도 마찬가지다. 문화인들이 생존을 고민하는 현재, 한류라고 들떠 있기만 한다면 한국 문화콘텐츠의 앞날은 어두울 수밖에 없다.

우리는 언제나 몇십 억의 로또 금액만 바라보지 당첨이 벼락 맞기보다 힘들다는 사실을 망각한다. 마찬가지로 화려한 무대에 취해 무대 뒤에서 보이지 않게 움직이는 수많은 스태프의 노력과 땀방울로 작품이 가능하다는 사실을 잊어버리곤 한다. 하나의 대작이 수많은 실패 속에 가능하다는 사실도 잊곤 한다. 언론의 스포트라이트가 이렇게 흘러가더라도, 대중의 관심이 이렇게 흘러가더라도 정부는 보다 멀리보고 끊임없이 기초 분야에 투자해야 한다. 기초과학이 약하면 언젠가 그 한계가 명확히 드러나듯, 문화도 그러하다.

문화콘텐츠는 인문학과 문화인에게 축복이자 재앙이 될 수도 있다. 축복은 문화와 인문학에 대한 대중의 관심이고, 재앙은 고유한 영역이 허물어질 수 있다는 위험이다. 진보적이라면 변화의 장점을, 보수적이라면 변화의 단점을 보기 마련이다. 새로운 문물이 등장할 때 기존 사회의 반발은 당연하다. 핵심은 변화에 대한 불편함이다. 특히 보수적인 흐름이 강한 예술계나 학계에서는 이러한 반발이 더욱 강력하기 마련이다.

문화콘텐츠는 재창조, 즉 변형을 통해 빛을 발휘한다. 그런데 전통적인 전문가들은 이러한 변형을 달가워하지 않는 경향이 있다. 변형을 종종 재창작으로 인정하기보다는 고유한 색채의 변색, 즉 타락이나 천박함으로 취급한다. 그러나 변형은 언제나 자연스럽게 일어난다. 변형 속에 문화와 인문학의 역사는 발전해 왔다. 구전되던 이야기가 문자로 정착하던 시기에도 변형이 일어났다. 외국의 문화가 수입될 때도 변형은 일어났다.

　활자, 즉 인쇄술이 등장하면서 또 변형이 일어났다. 이에 대한 반발도 자연스럽게 일어난다. 중세 인쇄술이 등장했을 때 많은 성직자들은 강력하게 반발하면서 인쇄를 금지하기도 했다. 또한 당시 성직자는 라틴어 성경을 각 나라의 언어로 번역하는 것도 금지했다. 그들은 성경을 더 널리 알릴 수 있다는 장점보다 누구나 성경을 볼 수 있음으로 인해 당시 성직자들은 자신들만이 성경을 들려 주고 해석해줄 수 있다는 고유한 능력이 사라질까 두려웠던 것이다. 하지만 거대한 흐름에서 이러한 반발은 시대에 뒤처지는 자아를 만드는 경우가 대부분이다.

　변형, 즉 재창조는 전달매체의 변화에 의해 일어나는 것과 대상의 변화에 의해 일어나는 것으로 나눌 수 있다. 전달매체의 변화는 문자의 등장, 활자의 등장, 영상매체의 등장 등으로 발생하는 것을 말한다. 이러한 변형은 근본적인 변화를 의미하지는 않는다. 근본적인 변형은 대상의 변화에 의해 일어난다. 대상이 상류문화냐 대중문화냐, 여성이냐 남성이냐, 성인이냐 유아냐에 따라 모든 변형은 극심하게 일어날 수밖에 없다. 이처럼 대상의 변화는 재창조를 위한 창작요소마저도 변화시킨다. 결국 문화콘텐츠는 소비의 주체인 수용자에 의해 좌지우지될 수밖에 없는 것이다.

　창작의 과정도 기존에는 문자에 대한 의존도가 절대적이었으나 이제는 그렇지 않다. 기존의 인문학적 사고방식으로는 문자 없이 스토리를 짠다는 것이 불가능하다고 생각할지 모르나 현장에서는 문자를 포함한 다양한 도구가 쓰이고 있다. 문자는 여전히 중요한 도구이지만 유일한 도구는 아니다. 특히, 요즘 주목받고 있는 스토리텔링은 스토리와는 달리 문자에 대한 의존도가 현격하게 낮아지고 있다. 그림이나 아이콘 등 다양한 전달도구가 쓰이고 있다. 보다 거대한 역사적 흐름으로 보면 이러한 변화는 자연스러운 것이다. 고대에 문자가 등장하면서 구술이나 그림에서 문자로 변천했다. 구술은 신화와 전설 등을 리듬을 가진 구전의 형태로 전달하였는데, 이것이 나중에 문자라는 새로운 도구를 만나 후대에 전해졌다. 이후 문자는 거의 모든 전달도구의 대표가 되지만, 더 유용한 전달도구가 있다면 대체할 수 있는 것이다.

전문가는 문화 혹은 문화원형이라고 하면 우아한 문화만을 생각하는 경향이 있다. 하지만 문화는 클래식한 것만을 의미하는 것은 아니며, 문화원형은 과거의 것만을 의미하는 것이 아니다. 길거리 술주정도 우리의 술문화이며, 70, 80년대 공중전화도 문화원형이다. 문화콘텐츠의 이러한 영역의 파괴는 기존의 문화계와 학술계에 또 다른 고민을 던져 준다. 기존 틀에 의해 굳건하게 정해졌던 영역이 흔들린다는 것은 반발과 거부감을 불러일으키기에 충분하다. 따라서 기존의 문화계와 학술계가 아무런 사전준비 없이 손쉽게 문화콘텐츠를 받아들일 수 있는 것은 아니다.

역설적으로 우리 사회에서 문화콘텐츠와 문화의 가장 강력한 적은 산업이다. 막스 호르크하이머는 "문화산업의 생산물은 여가 시간에조차 소비가 활발히 이루어지기를 노린다. 개개의 문화 생산물은 모든 사람들을 노동 시간과 마찬가지로 휴식 시간에도 자본의 테두리 내에 잡아놓기 위한 거대한 경제 메커니즘의 일환이다."*라고 하면서 아무도 빠져나갈 수 없는 놀이터라며 문화산업의 부정적인 측면을 이야기하고 있다. 이러한 그의 주장에 관계없이

---

* 막스 호르크하이머·테오도르 아도르노 지음. 앞의 책; 권용선. 앞의 책. 219쪽.

우리는 '여가시간'이라는 단어에 주목할 필요가 있다. 우리 사회는 여가시간이 절대적으로 부족한 매우 취약한 구조를 가지고 있기 때문이다.

일 중독이라는 단어가 낯설지 않을 정도로, 심지어 일 중독을 자랑으로 삼을 정도로 우리에게 여가시간이 '쓸데없는 시간의 낭비'라는 의미로 받아들여진다. 급속하게 경제발전을 이루면서 오로지 열심히 일하면 모든 것이 이루어진다는 환상에 빠져 있다가, IMF 이후 돈이 모든 것을 해결해 준다고 믿는 사회에서 여가시간은 노는 시간으로, 즉 쓸데없는 낭비로 간주 되었다. 우리 주요 언론은 주5일 근무제 정착으로 노동시간이 줄었다고 걱정하기도 한다. 〈주당 평균 43.8시간 일해 …… 22년래 최저〉(연합뉴스), 〈주5일 근무제 정착 …… 근로시간 확 줄었다〉(세계일보), 〈주당 43.8시간 근무 …… 22년래 최저〉(MBN), 개발도상국인 중국보다도 훨씬 느슨하고도 늦게 실행된 주5일제도 너무 많이 논다고 생각하는 것이 우리 사회이다.

그러나 '2008년 OECD 통계연보'를 보면 이야기는 달라진다. 경향신문의 "우리나라 근로자 최장 노동·최고 교육비·최악 삶의 질"이라는 기사를 보면, 우리나라 문화산업의 치명적 약점을 그대로 노출하고 있다. 구체적인 숫자는 더욱 어두운 전망을 내놓는다. 그중 일부를 인용해 본다.

◇ **최장시간 노동에 시달려**

8일 발표된 '2008년 OECD 통계연보'(Fact Book)에 따르면 2006년 기준으로 우리나라의 연평균 근로시간은 2,357시간으로 OECD 평균보다 580시간이나 많아 2005년에 이어 1위에 올랐다. 여전히 우리나라 근로자들은 최장시간 노동에 시달리고 있는 것이다.

장시간 근로로 국내총생산(GDP) 대비 문화여가 지출비중은 28개 비교 대상국 중 27위(2005), 1인당 보건지출비는 26위(2004)를 기록하는 등 삶의 질은 바닥권

수준이었다.

◇**공공지출 인색, 민간교육비 부담 1위**

경제력에 비해 우리나라 국민들의 삶의 질이 나아지지 않고 있는 데는 정부의 공공지출 비중이 낮기 때문이다. 우리나라의 GDP 대비 공공지출 비중은 5.7%(2003)로 OECD 평균(20.7%)의 3분의 1에도 못 미치며 29개 비교 대상국 중 꼴찌를 차지했다.

이처럼 정부가 공공지출에 인색해 GDP 대비 교육기관에 대한 공공지출은 18위(2004)에 머문 반면 민간의 교육기관에 대한 지출비중은 사교육비를 제외하고도 OECD 회원국 중 1위를 차지했다.

우리나라 학생들이 2006년 국제학력평가에서 읽기(1위), 과학(3위), 수학(2위) 부문에서 최상위권에 오른 것도 학부모들의 사교육비 부담이 큰 것과 무관치 않다는 분석이 나오고 있다.

- 강진구, 『경향신문』, 2008. 4. 8

강진구 기자는 "우리나라 근로자들의 노동시간은 경제협력개발기구(OECD) 30개 회원국 가운데 가장 길고, 공공지출 비중도 선진국 평균의 1/3 수준에도 미치지 못하고 있는 등 삶의 질 수준이 바닥권인 것으로 나타났다."고 한다. 삶의 질이 바닥인데, 무슨 문화를 향유할 여유가 있겠는가 하는 의문이 드는 것이 당연하다.

우리는 OECD 평균보다 580시간을 더 일한다. 580시간을 법정 노동시간인 8시간으로 나누어 보면 72일을 더 일하는 것이다. 여기에 지극히 당연한 권리인 '칼 퇴근'이 이상한 행위로 회자되는 우리나라 특유의 기업문화에서 법정시간 이외에 진행되는 어영부영의 근무를 더한다면 가히 심각할 정도이다. 이를 보다 구체적인 국제노동기구가 발표한 표로 보면 우리나라 노동시간

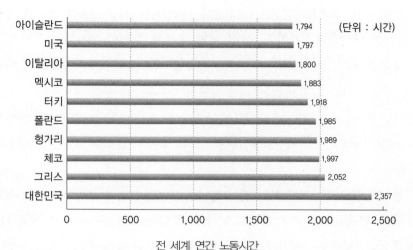

전 세계 연간 노동시간

자료 : 국제노동기구 2004~2005년 통계기준 수치, 2007. 6. 7

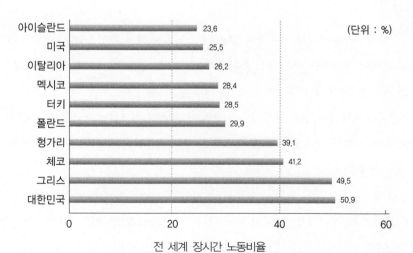

전 세계 장시간 노동비율

주 : 장시간 노동비율이란 전체 근로자 중 1주에 48시간 이상 일하는 근로자 비율을 말한다.

자료 : 국제노동기구 2004~2005년 통계기준 수치, 2007. 6. 7

과 노동강도의 심각성을 알 수 있다.

우리나라는 30위 네덜란드(1,391)보다 1,000시간 이상 일한다. 8시간 기준 125일을 더 일하는 것이다. 이런 조건 속에서 문화의 향유는커녕 가정을 위해 쏟을 시간조차도 절대 부족하다. 문화를 체험한다는 것은 불가능에 가깝다. 특별히 마음을 먹지 않는 이상 생활의 일부분으로 문화 공연이나 스포츠 경기를 볼 수 없다. 따라서 단시간에 해결할 수 있는 폭탄주나 TV가 전부이며, 노동에서 상대적으로 자유로운 10대나 20대 위주의 문화행사가 주를 이루게 된다.

열심히 일하고 바쁘게 사는 것이 무엇이 문제인가 하고 생각할지도 모른다. 하지만 "한국인들은 너무 열심히 일해서 탈"이라고 평가하는 외국 전문가가 적지 않다. 세계적인 시간관리 전문가이자 '프랭클린 플래너' 개발자로 유명한 하이럼 스미스(65)는 한국인의 시간관리 성향을 이렇게 비판했다.

"한국인들은 매사에 서두르며 일을 너무 열심히 해서 걱정스럽다. 맹목적으로 일에만 치중하는 것은 생산성 향상과 거리가 멀 뿐만 아니라 인생에서 소중한 부분을 놓칠 수 있다."

"내가 아는 한국인들은 무척 근면하다. 도무지 쉬질 않는다. 급하게 내달리기만 하다 가진 것을 모두 소진해 버린다. 때로 재충전하는 시간을 가져야 생산성도 높아진다."

이러한 비판에 우리는 자유롭지 못하다. 재충전이 없는 인생은 방전과 소진일 뿐이다.

최하의 삶의 질에서 생활문화와 문화산업이 발전하기는 쓰레기통에서 장미꽃을 피우기보다 어려운 것인지도 모른다. 장기적인 관점으로 생각한다면,

문화에 대한 우리 사회의 사고방식과 사회구조에 대한 고민이 없다면 문화산업의 미래는 희망적이라고 보기 힘들다. 일반 산업에서 내수가 중요하듯, 문화산업에서 국내 소비에 대한 어느 정도 수준의 보장이 없다면 과감하고 다양한 시도 자체가 힘들어질 수밖에 없다. 국내 소비를 맡고 있는 우리 국민의 삶이 바뀌지 않는다면 짧은 시간에 가볍게 소비할 수 있거나 특별한 날 이벤트로 볼 만한 문화산업 이외에 모든 것은 생존을 고민해야 할 것이다. 일부 거대한 작품만 살아남고 나머지 다양한 시도는 사라질 것이며, 생활과 밀착된 세세한 문화들도 빠르게 사라지게 될 것이다. 문화콘텐츠도 이러한 혹독하고 거친 환경에 놓여 있다.

초가집이나 기와집을 찾기도 힘든 것이 우리네 현실이다. 특히, 삶에 밀착된 초가집이나 기와집은 하루가 다르게 찾기가 어려워지고 있듯 전통적인 삶이 현대생활에 빠르게 희석되고 있는 환경에서 전통문화나 문화원형은 아무런 힘을 발휘하지 못한다. 아파트에서 태어나 아파트에서 자란 세대가 느끼는 정서와 우리의 전통 관념이 직접적으로 연결되기 힘들다는 것은 당연한 결과일지도 모른다. 추석이나 설날의 귀경조차도 빠른 핵가족화와 도시화로 어느 순간 사라질지 모르는 상황에서 우리의 문화원형은 기본 토대마저 흔들리고 있는 처지다. 개발과 발전에 함몰되어 살아 온 우리 사회가 팍팍한 삶으로 인해 잃어버린, 잊혀 가는 정서에 대한 보다 본질적인 고민이 필요한 시점이다. 20세기는 20세기에 맞는 목표와 전략이 있었다면 21세기는 21세기에 맞는 목표와 전략이 필요하다. 문화라는 21세기에 맞는 사회적 목표와 전략에 대한 사회적 공감대 형성을 위해 노력해야 할 것이다.

우리 사회의 인식은 종종 산업시대의 열심히 일만하는 구조에 익숙해져서, 문화의 향유는 그저 노는 사치라는 생각에 머물러 있다. 이러한 인식에서 문화에 대한 투자를 당연하다고 생각하기보다는 낭비라고 본다. 따라서 초대

생활 속 문화 자존심

옆의 사진은 한·중·일 세 나라의 최고의 대학으로 자주 거론되고 있는 서울대학교, 북경대학교, 동경대학교의 사진이다. 한마디로 각국의 자존심이자 상징이다. 그런데 씁쓸함을 지울 수 없다. 북경대학교에서 중국의 전통을, 동경대학교에서 일본의 전통을 엿볼 수 있는데 반해 서울대학교는 어떠한가? 우리의 문화적 자존심을 보여 주는 단면이다.

우리는 미래를 이야기한다. 그러나 과거 없는 미래는 없다. 우리는 전통을 민속촌에서나 찾아야 하는 것으로 판단한다. 대한민국 최고의 대학에서도 한국의 문화를 찾을 수 없다면 과연 한국의 정체성은 그 자존심은 어디에서 찾을 수 있을 것인가? 이는 서울대학교만의 문제가 아니라 우리 사회 전체의 문제이다.

한류가 해외에서 환영받고 있다고 들떠 있지만 우리의 생활 속 문화는 빠르게 사라져 가고 있다. 근대화만이 살길이라고 외쳐왔던 우리의 현대사의 단면이지만 이제 냉철히 우리를 돌아볼 때이다.

아무런 자각 없이 이대로 흘러가다간 대한민국의 정체성은 우리의 손에 의해 사라져 버릴지도 모른다. 우리의 문화가 없다면 더 이상 '韓流'는 없을 것이다.

권이 있어야 문화공연을 보고, 불법 다운로드를 대수롭지 않게 치부한다. 제대로 평가하고 인정하지 않으니 문화가 자라나기 힘들고, 문화콘텐츠산업도 성장에 어려움을 겪게 된다.

우리 교육은 두 가지를 논하지 않는다. 노는 법과 돈 쓰는 법이다. 둘 다 필요없다고 보는 것이다. '개처럼 벌어서 정승처럼 쓰라'는 속담도 잊고 그저 돈만 벌 생각에 가득하지 어떻게 가치 있게 쓸 것인가를 고민하지 않는다.

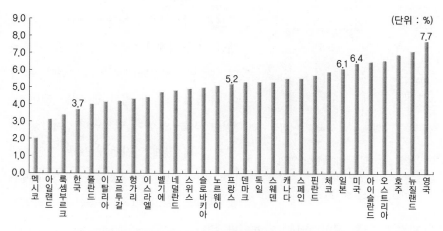

OECD 국가의 GDP 대비 가계지출 문화오락비 비중(2005년 기준)
주 : 멕시코, 포르투갈은 2004년, 뉴질랜드는 2001년 기준
자료 : 2008년 OECD 통계연보

오히려 정승처럼 벌어서 개처럼 쓰려는 경향이 팽배하다. 사회환원으로 유명한 미국의 빌 게이츠, 워런 버핏을 비롯하여 중화권에서도 아시아 최고 부자인 홍콩의 허치슨 왐포아 및 청쿵(長江) 그룹 리카싱(李嘉誠)은 재산 1/3인 6조 원을, 대만의 2대 거부인 궈타이밍(郭台銘) 홍하이(鴻海) 그룹 회장은 자신의 재산 1,000억 달러(약 2조 8,000억 원)를 사회에 환원하겠다는 약속을 실천해 가고 있다. 영화배우 청룽(成龍, 성룡)도 공수래 공수거(生不帶來 死不帶去)라고 하면서 자신의 모든 재산(약 4,000억 원)을 사회에 환원하겠다고 했다. "아들에게 능력이 있으면 아버지의 돈이 필요하지 않을 것이다. 능력이 없다면 헛되이 탕진이나 할 것이다."는 청룽의 말이 새롭다. 우리는 '왜 돈을 벌어야하는가? 돈을 어떻게 써야 하는가?'라는 기본적인 질문마저 없이 그저 재테크만을 외치고 있다. 따라서 직접적인 효과가 없어 보이는 문화에 투자하는 비용이 낭비 혹은 여유로만 보는 시각이 팽배하다.

(단위 : %)

2.5 한국
5.9 일본
5.5 미국
7.6 영국

주요 국가의 문화콘텐츠산업의
GDP 비중
자료 : 한국은행, 2006년 기준

또한 여가시간을 어떻게 보낼 것인가에 대한 고민 자체가 이상한 생각으로 치부된다. 여가는 시간낭비로만 치부된다. 웰빙이 유행이지만 잘 입고 잘 먹는 것이 곧 웰빙이라는 인식이 넘쳐난다. 여가를 어떻게 가치 있게 인간답게 보낼 것인가에 대해 전혀 고민하지 않는다. 그저 모이면 술 아니면 고스톱이고, 운동선수는 당연히 강제적 합숙을 해야 한다. 자율이란 없다.

시간과 경제관념이 이렇게 단편적이다 보니 문화에 대한 투자와 생산력은 당연히 부족하기만 하다. 한국 문화콘텐츠 부가가치 비중이 선진국의 절반에 그치는 근본적인 이유가 여기에 있다고 볼 수 있다. 문화에 대한 사회 인식의 전환이나 변화 없이 단순한 기술의 향상으로만 해결될 문제가 아니다. 핵심은 창의적이고 문화적인 삶이 우리 사회에 너무 부족하다는 것이다.

문화콘텐츠는 문화를 둘러싼 사회 전체의 양분을 먹고 자란다. 따라서 문화콘텐츠를 둘러싼 제반 여건에 대한 명확한 인식은 매우 중요하다. 이를 바탕으로 부정적인 요소에 대한 대책을 세우고, 긍정적인 요소는 더욱 발전시켜 나가야 한다. 문화콘텐츠는 시대적 변화와 발전에 부합하는 측면이 강하지만, 시대가 저절로 문화콘텐츠에 우호적인 환경을 만들어 주지는 않는다. 문화는 우리의 삶이며, 문화콘텐츠는 그 삶에 대한 표현이다. 경제가 어려우면 쓸모없다고 보는 문화비용부터 줄이는 우리 사회의 인식이 전반적으로 개선되지 않는 이상 근본적인 발전을 기대하기는 어렵다. 우리 사회에 대한 고민과 직시가 문화콘텐츠에 묻어날 때 비로소 진정한 힘을 발휘하게 될 것이다.

『문화콘텐츠란 무엇인가』

최연구 지음, 살림, 2006

21세기의 화두는 '문화'이다. 문화산업은 첨단문화산업으로 각광을 받고 있으며, 국가의 육성 사업 중 하나이다. 천연자원은 없지만 5,000년의 독창적인 문화를 창조했던 우리가 21세기에 어떠한 새로운 패러다임을 짜야할지 제시하고 있다.

『문학과 예술의 사회사 1~4』

원제 : Sozialgeschichte der Kunst und
       Literatur, 1951
아르놀트 하우저 지음, 백낙청 옮김, 창작과비평사, 1999

1951년 영어판으로 처음 출간되었고 1981년까지 「고대·중세편」, 「근세편 上」, 「근세편 下」라는 부제를 달고 모두 4권의 분량으로 완간되었다. 구석기시대부터 현대 영화의 탄생까지 서양의 사회사와 예술사를 독창적이고 설득력 있는 논리와 분석으로 정리했다. 덕분에 문학과 예술사의 바이블로 꾸준한 사랑을 받고 있고, 우리나라에서도 여러 차례 수정·개정판이 나왔다. 최근판은 2000~2002년 개정판이 창작과 비평사에서 나와 있다.

『콘텐츠와 문화철학: 문화의 발전단계와 콘텐츠』

이기상 지음, 북코리아, 2009

세계화 속에서 주체적인 중심을 잡기 위해서는 철학적인 지지기반이 확립되어야 할 것이다. 이 책은 문화콘텐츠를 공부하는 사람들에게 철학의 중요성은 물론 한국인으로서 세계무대에서 가져야 할 철학적인 문화콘텐츠 마인드를 제시하고 있다. 저자는 문화의 의미가 진화함을 지적하면서 '문화도 전략'이라는 말을 강조한다. 이는 문화를 철학적으로만 해석하는 것이 아니라 21세기 문화콘텐츠적인 화법으로 이야기하고 있는 것이다.

4

시대별 문화콘텐츠

4장 시대별 **문화콘텐츠**

최근 문화산업은 생산자 중심에서 소비자와 향유자 중심으로 전환되고 있으며, 방송과 통신 네트워크의 융합과 문화산업 시장의 글로벌화에 따른 국가 브랜드의 중요성 제고, 지적재산권 강화에 따른 서비스업의 라이선싱 사업이 활기를 띠는 등 융합을 통한 영역파괴 현상이 뚜렷하다. 따라서 다양한 영역이 만들어지고 소멸되고 있다. 문화체육관광부는 문화콘텐츠와 관련된 산업을 문화산업으로 정리하고 있는데, 한국 정부에서 바라보고 있는 문화산업의 체계를 알아볼 수 있다. 그럼에도 불구하고 문화체육관광부에서 발표한 문화산업백서를 살펴보면 그 변화의 정도가 심한 것을 알 수 있다. 이러한 변화는 시대의 변화에 민감한 문화콘텐츠의 기본 특성을 보여 주는 것이기도 하지만, 정부의 정책과 산업체계의 영향을 심하게 받는 특징을 보여 주는 것이기도 하다.

문화체육관광부의 이러한 분류는 현재 우리나라에서 문화콘텐츠 영역을 어

라이선싱(Licensing)이란?

라이선싱은 일종의 간접판매 방식으로 저작권 소유자나 대행업자가 일정한 저작권 사용료 지불계약을 통해 사용권을 일임하는 형태를 말한다.

기업은 특허권, 기술 상호 상표 등 다양한 무형자산을 보유하고 있고, 그 자산의 사용권을 판매하고자 할 때 주로 이용된다. 보통 기업은 라이선스 사용자로부터 매출액의 일정 부분을 수수료로 받아 수익을 창출한다.

떻게 구분하고 있는지를 파악하는 데 도
움이 된다. 그럼에도 불구하고 이러한
분류체계에는 전시공간, 박물관, 테마파
크나 축제, 관광, 교육, 스포츠 등 문화
콘텐츠가 담보해야 하는 다양한 영역들
이 배제되어 있고, 또한 관주도의 분류
라는 한계로 인해 행정조직의 편의성과
경제적인 측면만 강조된 분류체계라는
점에서 한계가 있다.

　현재 많은 연구자가 문화콘텐츠 영역
구분을 하고 있지만 현실적인 한계에 묶

> **2007년과 2008년의
> 문화산업 분류 비교**
>
> ▶ 2007년(총 10개 분야)
> ① 출판산업, ② 만화산업, ③ 음악산업,
> ④ 게임산업, ⑤ 영화산업, ⑥ 애니메이
> 션산업, ⑦ 방송산업, ⑧ 광고산업, ⑨ 캐
> 릭터산업, ⑩ 에듀테인먼트산업
>
> ▶ 2008년(총 17개 분야)
> ① 영화·비디오·DVD, ② 애니메이션,
> ③ 음악, ④ 게임, ⑤ 캐릭터, ⑥ 만화,
> ⑦ 모바일콘텐츠, ⑧ 에듀테인먼트콘텐
> 츠, ⑨ 저작권 라이선싱, ⑩ 정기간행물,
> ⑪ 방송, ⑫ 광고, ⑬ 출판, ⑭ 뉴미디어,
> ⑮ 공예, ⑯ 공연, ⑰ 디자인
>
> 자료 : 문화체육관광부 문화산업백서

여 문화체육관광부와 큰 차이를 보여 주지 못하고 있다. 이러한 한계를 뛰어넘
기 위해서는 문화콘텐츠 본질로 돌아가 그 영역을 나누어볼 필요가 있다.
현재의 문화콘텐츠에는 다양한 예술적 요소가 사용되고 있지만, 그 핵심적인
성질과 영역을 기준으로 역사적인 시각을 도입하여 접근해 볼 필요가 있어
보인다. 이는 기존의 한계를 뛰어 넘어 문화콘텐츠 자체를 분석함으로써 그
도드라진 특징과 성격을 도출하여 학문적 성과와 함께 보다 명확한 구분을
위해 논리적 체계를 갖추려는 시도이기도 하다. 모든 분류가 마찬가지로 이러
한 시도도 도식적이기 쉽지만, 문화콘텐츠의 역사적인 변화과정과 영역별 내
용을 살펴보는 것은 문화콘텐츠에 대한 구체적인 이해를 돕고 역사적 맥락을
파악하여 문화콘텐츠의 과거와 현재, 그리고 미래를 동시에 알아보는 데 도움
이 될 수 있을 것으로 기대된다.

산업화 이전 시대의 문화콘텐츠

문화콘텐츠의 출발점은 문화이다. 문화는 사회의 변천에 따라 변화한다. 인류가 출현한 이후 다양한 문화가 형성되었다가 소멸되기를 반복했다. 문화가 주목받지 못하던 시절부터 문화는 일상생활과 함께 했다. 시공간의 변화에 따라 문화는 변화했고, 문화를 바탕으로 하는 문화콘텐츠도 함께 변화했다. 최근에 들어서야 문화콘텐츠가 사회적으로 주목받고 있지만 문화행위 자체는 오랜 인류의 역사와 함께해 왔다. 심지어 고대벽화에서 볼 수 있듯이 원시사회에서도 문화행위는 존재했다.

물론 이러한 원시적인 문화는 인류의 지적 추구라는 그 본질은 동일하겠지만, 지금의 문화 혹은 문화콘텐츠와는 커다란 차이가 존재하는 것도 사실이다. 가장 큰 차이는 문화와 산업의 관계에서 나온다. 따라서 문화가 산업화되기 이전의 문화를 전통문화라고 규정해도 큰 무리는 없을 것이다.

〈스페인 알타미라 동굴〉의 기원전 3만~기원전 2만 5000년의 벽화. 일명 '상처 입은 들소'라고 불린다.

시대 변화에 따른 사회제도의 변천은 직접적으로 문화와 문화콘텐츠에 영향을 준다. 전통문화는 그 전달 매개체가 달랐을 뿐, 현재 존재하고 있는 거의 모든 분야의 문화행위를 담보하고 있다. 지역에 따라 차이가 존재하지만 연극, 공연, 게임, 축제 등 다양한 분야가 형성되었고 흥행하였다. 하지만 시대적·공간적 제한이 명확하였기에 이 모든 것이 그대로 현재의 문화콘텐츠에 직접적 영향을 주었다고 평가하기 어려운 측면도 존재한다.

전통문화를 분석하기 위해서는 일정한 분류가 필요하다. 그러나 이러한 분류가 지리적·역사적 한계를 뛰어넘어 규정되기는 현실적으로 매우 어렵다. 또한 특정 지역이라고 하더라도 사회라는 광범위한 영역을 포괄적으로 담보하면서 세부적인 영역을 구분하는 것도 매우 어려운 작업이다. 더군다나 이러한 다양한 전통문화에 대한 기록은 소실되거나 자세하지 않은 경우가 많아, 비록 과거에 다양한 문화형상이 존재했다고 하더라도 나름대로 고유한 영역을 형성했는지 불분명한 경우도 적지 않다. 이러한 한계를 직시하면서 이 책에서는 미시적 접근보다는 거시적 접근으로 후대에 직접적인 영향을 주고 있는 핵심적인 요소만 기준으로 분류한다.

전통문화를 분석해 보면 일반적으로 인류의 가장 기본적인 요소인 소리, 행위, 그림, 문자를 기본으로 한다. 아마도 소리, 행위와 그림은 가장 초기 형태의 예술이었을 것이다. 모든 원시부족에서 볼 수 있는 춤과 노래, 수많은 원시 벽화에서 인류의 초기 형태의 예술행위, 즉 문화를 엿볼 수 있다. 인류의 발전에서 예술행위의 등장은 지적 행위의 등장이라는 측면에서 매우 큰 의미를 지니는데, 지금은 추측도 어려운 먼 과거부터 이러한 행위는 끊임없이 반복되었다.

문자의 등장은 이러한 원시사회를 획기적으로 변화시킨다. 소위 말하는 문명을 꿈꾸기 시작하는 밑바탕 역할을 한 문자는 소리와 그림의 결합이라고도 할 수 있을 것이다. 여하튼 문자의 등장으로 사회체제는 조직화·거대화되는데, 문화도 함께 크게 변화한다. 이러한 발전과 함께 문자는 인류에게도, 또 문화에서도 없어서는 안 될 중요한 요소로 등장한다. 이러한 변화를 겪으면서 문화의 기본 요소는 소리, 행위, 그림, 문자로 귀결된다.

전통문화의 기본 요소인 소리, 행위, 그림, 문자는 각각 독특한 분야를 형성해 나가거나, 혹은 서로 융합하여 다양한 형태의 문화 양태로 발전한다. 이러한 기본 요소는 기본 분야를 만들어 낸다. 우리는 이를 소리콘텐츠, 행위콘텐츠, 그림콘텐츠, 문자콘텐츠로 구분하고자 한다. 오늘날의 화려한 문화콘텐츠도 이러한 기본 분야를 바탕으로 다양한 분야로 분화하며 발전하고 있다.

소리콘텐츠는 박자, 가락, 음성 등의 형식이 결합한 음악을 기본으로 발전하여 노래, 연주, 노래와 연주의 결합(창극, 오페라) 등 다양한 세부 분야를 만들어 낸다. 행위콘텐츠는 춤과 무용이나 놀이와 같은 움직임을 통해 감정과 생각을 표현하는 다양한 분야로 발전한다. 그림콘텐츠는 그리기에서 시작되는 미술을 기본으로 발전하여 회화, 조각 등 다양한 세부 분야를 만들어 내며 심지어 건축에도 영향을 준다. 문자콘텐츠는 필사 등을 거쳐 책을 중심으로 한 출판으로 이어진다.

전통문화콘텐츠는 각자의 영역을 구축하는 한편 서로 결합하여 새로운 요소를 만들어 내기도 한다. 이러한 결합은 매우 오랜 과거부터 존재했다. 우리는 이를 복합 콘텐츠라고 부른다. 사회의 생산력 향상에 힘입어 잉여생산과 잉여시간이 생겨나고 생산활동과 구분되는 여가활동이 등장하게 된다. 이러한 영

향으로 놀이콘텐츠, 공연콘텐츠, 축제콘
텐츠가 등장하게 된다. 전통문화콘텐츠
에 있어 기본 콘텐츠 분류가 콘텐츠의
본질적 요소를 기준으로 했다면, 이러한
구분은 그 용도를 기준으로 한다.

놀이콘텐츠는 전통문화에서 중요한
위치를 차지하는 놀이와 유희가 포함된다. 놀이와 유희는 직접적인 참여가
가져다 주는 즐거움과 경쟁이라는 요소가 결합하여 다양한 형태로 존재하였
다. 아시아에는 바둑이나 장기와 같은 놀이문화가 발달했고, 서양은 체스나
카드와 같은 여가문화가 발달하였다.

공연콘텐츠는 오래전부터 연극, 음악, 무용 등으로 다수의 사람들 앞에
공연 형식으로 존재하였다. 공연은 그 예술적 성취와 관객의 감동을 높이기
위해서 초기부터 장르 사이의 결합을 지향하였다. 한국의 전통 공연인 판소리
의 구성 요소에도 소리인 창(唱)과 대화나 설명을 뜻하는 아니리, 동작이자
몸짓인 발림, 그리고 소리꾼의 흥을 돋우고자 고수가 곁들이는 탄성인 추임새
네 가지가 기본 구성 요소이다. 또한 중국의 대표적인 전통극인 경극(京劇)
역시 노래(唱), 대사(念), 동작(做), 무술(打), 춤(舞)으로 구성된 종합예술이다.
서양 연극의 기원도 고대 그리스 초기 형태는 한 배우와 합창단의 대화 형식을
취하고 있다는 점만 보더라도 대사와 음악의 결합이 보인다. 이후 역사적
변화를 거치면서 연극은 배우들의 연기와 음악과 춤 등이 결합하는 복합 콘텐
츠의 성격을 기본으로 하게 된다.

축제콘텐츠의 역사도 매우 오래되었다. 축제(祝祭)의 기원은 종교적 제사의
식이다. 인간에게 있어서 축제가 없었다면 삶은 아주 무미건조했을 것이다.
인간의 삶은 놀이와 함께 시작되었다고 할 만큼 축제는 작게는 몇 사람의

가족 놀이에서부터 경사나 제사를 벌이는 큰 규모의 행사까지 모두 축제라는 어울림의 한마당 속에 폭넓게 존재해 왔다. 이러한 축제는 사회성과 역사성을 띠고 함께 참여하는 현장을 통해 살아 있는 행사로 발전하여, 이웃과 함께 하는 의식 공동체를 이루어 왔다.

우리나라의 전통축제는 부여의 영고(迎鼓), 고구려의 동맹(東盟), 예의 무천 (舞天), 마한의 춘추제(春秋祭) 등이 있었다(『삼국지(三國志)·위지(魏志)·동이전(東夷 傳)』). 그때까지는 축제가 아직 제사의식과 뚜렷하게 분화되지 못한 상태이지 만 노래와 무용이 함께하고, 직접적인 참여행위가 일어나고 있음에 주목한다 면 대표적인 한국 전통 행위콘텐츠의 원형으로 볼 수 있다. 이러한 제천 의례 의 전통은 신라의 팔관회(八關會), 고려의 산대잡극(山臺雜劇) 등 국가적 행사인 공의(公儀)와, 민간의 마을 굿 등 두 갈래로 전승되어 오면서 우리나라 축제의 맥을 이어 왔다고 할 수 있다. 그러나 우리나라의 전통적인 축제문화는 일제 감정기와 산업화 과정을 거치면서 점차 생활에서 멀어져 갔다.

유럽의 축제는 기독교적 종교 색채가 강한 것이 특징이다. 초반 민중이 중심이다가 15~16세기에 들어 축제는 정부에 의해 주도되면서 민중은 관객 으로 바뀌었다. 그렇다가 18세기 산업혁명이 일어난 이후 본격적인 대중 축제 가 자리 잡게 된다. 유럽 지역에서도 전통축제는 보편적이다. 프랑스에서는 수레 축제, 타라스크 축제, 니스 카니발과 망똥 레몬 축제가 있다. 스페인에서 는 광란의 불꽃 축제와 사프란 축제, 산 페르민 축제와 토마토 축제가 있다. 이탈리아에서는 세속과 종교를 넘나드는 팔리오 축제와 베네치아 축제가 있 다. 독일에서는 게르만 민족의 전통의례인 알레만과 쾰른 축제가 있고, 오스 트리아의 잘츠부르크 가면축제가 있다. 이와 같이 유럽 전통사회에서도 다양 한 축제가 존재하였다. 현재는 문화산업적 측면에서 더욱 각광을 받아 다양한 축제가 진행되고 있다.

신윤복의 〈단오풍정〉
(端午風情, 1805)

서양의 카니발 : 피터 브뢰겔
(Pieter Bruegel)의 〈사육제와 사순
절의 싸움〉(The Fight Between
Carnival and Lent, 1599)

　현재 문화콘텐츠는 문화와 산업의 만남으로 화려하게 떠오르고 있지만, 이 모든 출발점은 전통문화콘텐츠에 있다. 비록 전통문화가 시공간의 제약으로 문화가 독립적 산업의 위치에 오르지는 못했고, 교류와 소통이 부족했다고는 하더라도 고대 사회에도 다양한 문화 양태가 존재했다는 것은 부정할 수 없다. 어쩌면 오늘날 문화콘텐츠에서 다루는 거의 모든 분야가 이미 과거에서 잉태되었다고 평가해야 할 것이다. 연극, 공연, 축제, 서커스 등 다양한 분야의 문화콘텐츠가 존재했고 흥행하였다. 또한 현재 다양한 문화원형이 빛을 발하고 있지만 태양 아래 새로운 것은 없다는 말처럼 신화, 전설, 설화 등은 오늘날의 다양한 재창작 소재로 활용되고 있다.

문화콘텐츠 입장에서 원형이론이 중시되는 이유는 크게 두 가지로 볼 수 있다. 첫째, 창작소재로서 문화원형이다. 현대인들에게 잊혀 버린 과거의 문화를 발굴하여 새로운 문화적 가치를 부여한다면 훌륭한 창작소재가 될 수 있다. 한마디로 보물창고인 셈이다. 새롭게 창조해 낸 이야기가 고대에 원형을 두고 있는 경우는 매우 흔하다. 할리우드의 예처럼 전통의 이야기에 새로운 색채를 입혀 전혀 다른 장르로 만들어 내는 경우도 허다하다. 로미오와 줄리엣, 신데렐라, 백설공주 등의 이야기는 지금도 다양한 장르에서 차용되고 있다. 이러한 이야기들은 단순히 지나간 문화원형이 아니라 현대의 창작소재인 것이다. 우리나라에서도 춘향이나 홍길동 등의 이야기는 현대적 사회를 배경으로 끊임없이 재창작되고 있다.

둘째, 특정 집단이나 사회, 국가, 민족 등의 공동체가 공유하고 있는 독특한 문화적 의식이나 정서인 컬처코드(culture code)를 파악할 수 있다는 점이다.

컬처코드와 지프

클로테르 라파이유의 책 『컬처코드』에서는 문화코드의 사례로 크라이슬러(Chrysler) 사에서 만드는 '랭글러'(wrangler)라는 사륜구동 자동차인 지프를 통해 설명하고 있다. 프랑스인에게 이 지프는 제2차 세계대전 중에 지프를 타고 파리에 입성하던 미군을 떠올리게 하고, 그들이 타고 온 지프에서 해방자의 이미지를 가지게 하며, 이것이 프랑스인의 지프에 대한 원형이 되었다. 반면 미국인들은 지프에서 전혀 다른 원형을 본다. 말을 타고 산과 들, 심지어 강까지 건너며 서부를 개척했던 미국인들은 지프의 전천후 기동성에서 과거 조상들이 탔던 말과 같은 자유로움의 원형을 본다.

그래서 미국에서 판매되는 지프의 전조등은 말의 눈과 같은 인상을 주기 위해 본래 사각형이던 것을 둥글게 바꿨다고 한다. 반면 유럽시장에서는 초기의 사각형 전조등 모델을 그대로 하여 출시해 성공을 거두었다.

『컬처코드』

컬처코드는 정신분석학자이며 문화인류학자인 클로테르 라파이유(Rapaille, Clotaire)가 쓴 『컬처코드』에서 차용한 개념이다. 그가 말하는 컬처코드란 "특정 문화에 속한 사람들이 일정한 대상에 부여하는 무의식적인 의미"이다. 따라서 문화가 다르면 코드, 즉 세계를 바라보는 가치관도 달라진다. 때문에 특정 컬처코드를 이해한다는 것은 특정 문화와 삶의 방식을 이해한다는 의미가 된다. 컬처코드는 문화, 즉 사람을 이해하는 근본적이고 결정적인 단서가 되는 것이다. 일반적으로 문화원형의 첫 번째 이유는 문화콘텐츠의 창작이라는 측면에서, 두 번째 이유는 문화콘텐츠의 마케팅 부분에서 주목받는다.

이처럼 현재 문화콘텐츠가 주목받으면서 세계적으로 문화원형에 대한 관심이 높아지고 있다. 특히 문화콘텐츠 후발주자들은 문화원형의 파급력에 더욱 주목하고 있다. 한국 정부에서도 문화전통을 찾고 그 가치를 현대 문화산업에 접목하기 위해서 노력하고 있다. 바로 '우리 문화 민족문화원형 발굴사업'으로 한국문화콘텐츠진흥원에서 진행했다. 이 사업은 우리 민족의 신화, 전설, 민담, 노래, 언어, 예술, 문학 작품이나 놀이, 의례, 말, 풍속 등에 나타나는 공통된 문화유형을 발굴하여 문화콘텐츠 창작소재로 제공하는 것을 목적으로 하고 있다. 또한 우리나라의 문화원형을 디지털화하여 국가 문화자산의 체계적이고 종합적인 디지털 콘텐츠화를 통해 문화 아카이브를 구축하여 멀티미디어 콘텐츠 개발에 활용함을 목적으로 하고 있다. 그러나 이 사업은 문화콘텐츠의 기반 조성이라는 측면을 단순한 문화원형의 디지털화로 협소하게 규정하여 원형발굴과 토대정보 구축, 그리고 문화원형의 스토리텔링이라는 체계적인 사업으로 전개되지 못했다.

또한 문화체육관광부는 전통 문화원형에 대해 일반인의 설문조사를 바탕으로 전문가의 감수를 거쳐 100대 민족문화 상징을 선정하기도 하였다.

100대 민족문화 상징

분 야		민족문화
민족 상징 (2개)	민족	무궁화, 태극기
강역, 자연 상징 (19개)	강역	금강산, 대동여지도, 독도, 동해, 백두대간, 백두산
	경관	갯벌, 풍수, 황토
	동식물	소나무, 진돗개, 한우, 호랑이
	과학기술	거북선, 물시계와 해시계(자격루와 앙부일구), 수원화성, 정보통신(IT), 천상분야열차지도, 측우기
역사 상징 (17개)	선사	고인돌, 빗살무늬토기
	도읍	경주(서라벌), 서울, 평양(아사달)
	인물	광개토대왕, 단군, 세종대왕, 안중근, 원효, 유관순, 이순신, 정약용, 퇴계(이황)
	사찰	석굴암
	현대사	길거리 응원, 비무장지대(DMZ)
사회, 생활 상징 (34개)	경제	오일장(장날), 잠녀(해녀)
	마을생활	강릉단오제, 돌하르방, 두레, 솟대와 장승, 영산 줄다리기, 정자나무
	의생활	다듬이질, 색동, 한복
	식생활	고추장, 김치, 냉면, 된장과 청국장, 떡, 불고기, 삼계탕, 소주와 막걸리, 옹기, 자장면, 전주비빔밥
	주생활	온돌, 제주도 돌담, 초가집, 한옥
	건강, 체육	동의보감, 씨름, 윷놀이, 인삼, 태권도, 활
	교육	서당, 한석봉과 어머니
신앙, 사고 상징 (9개)	불교	미륵, 선(禪)
	유교	선비, 종묘와 종묘대제, 효(孝)
	무속	굿, 금줄, 도깨비, 서낭당
언어, 예술 상징 (19개)	언어	한글(훈민정음)
	기록	조선왕조실록, 직지심체요절, 팔만대장경, 한지
	미술	고구려 고분벽화, 고려청자, 막사발, 반가사유상, 백자, 백제의 미소(서산 마애삼존불), 분청사기
	연희	풍물굿(농악), 탈춤
	음악	거문고, 대금, 아리랑, 판소리
	문학	춘향전

자료 : 문화체육관광부, 2007.

다만 전통적인 문화원형을 이야기할 때 우리는 쉽게 함정에 빠진다. 문화원형은 고대부터 현재까지 전통적으로 지속하고 있는 것만이 원형이라고 판단하는 관점이다. 기본적으로 문화원형은 타고난 것이라 할 정도로 마음속에 스며들어 있다는 점에서 역사성을 가지는 것도 있지만, 살아가면서 새로이 형성되거나 변화되기도 한다는 것을 놓쳐서는 안 된다.

한국을 대표하는 음식인 김치를 예로 들어 보자. 우리가 떠올리는 김치는 일

반적으로 빨간 고춧가루 양념에 잘 버물린 김치일 것이다. 그러나 이런 형태의 김치의 역사는 길지 않다. 김치는 '소금에 절인 채소'라는 뜻의 한자어인 침채(沈菜)가 우리말 김치로 변한 것이다. 전통적인 김치는 소금에 절인 채소였다. 고려시대에 이르러 파, 마늘 등의 향신료를 가미한 양념침채가 등장하였지만, 김치의 혁명적 변화는 조선시대에 임진왜란을 전후로 일어났다. 고추의 전래로 새로운 매운맛을 즐길 수 있게 되었고, 젓갈의 비린 냄새를 효과적으로 제거할 수 있게 되어 지금의 김치와 같은 모습이 된 것이다.

한국 식단에서 빠지지 않는 음식인 김치가 수많은 변천을 거치면서 형성되고 완성되었듯이 문화원형도 마찬가지다. 문화원형이 고대부터 존재하였다고 해도, 현재에도 변화하고 형성되는 진행형적인 개념으로 바라보는 것이 필요하다. 붉은 옷을 입고 '대~한민국'을 소리 높여 외치는 모습을 보면 자연스럽게 2002년 한·일월드컵의 뜨거웠던 열기를 떠올리는데, 이것이 우리의 새로

운 문화원형이다. 은색의 사각 철가방에서 자장면이 들어있다는 상상을 함께
할 수 있다면 그것 역시 새로운 우리의 문화원형이다.

각 집단이나 사회, 국가가 가지고 있는 전통적인 혹은 새롭게 생성되기도
하는 문화원형과 문화적 정서에 대한 분석과 예측은 문화를 상품으로 만들어
판매하는 문화콘텐츠 입장에서 선행되어야 할 과제이다. 그러나 특정 문화상
품과 관련한 원형은 구체적이지 않고, 소비자들도 자신의 문화의식을 명확하
게 인지하고 있다고 보기 어렵다. 막연한 문화원형을 구체화시키고 현실화시
키는 것이 바로 문화콘텐츠 전문가의 역할이다. 즉 문화 소비자의 마음속에
존재하는 문화원형이라는 잠재된 의식을 파악하여 구체적인 문화상품으로
충족시켜 주는 역할을 하는 것이다.

문화가 그렇듯이 문화콘텐츠도 사회 전반을 포괄한다. 따라서 우리 사회를
둘러싼 모든 것이 문화콘텐츠의 소재로 활용될 수 있다. 다양한 소재 중
전통문화는 이미 대중과 세월에 의해 검증되었던 가장 확실한 콘텐츠이기도
하다. 전통문화에 대한 연구와 정리가 중요한 이유이다. 지역적·집단적 정
신과 정서를 담고 있는 전통문화는 해당 지역과 집단이 가장 잘 이해하고
있으며, 또 공감대를 가지고 있다. 민족 혹은 국가라는 거대 집단부터 소규모
집단까지 다양한 전통문화가 존재한다.

대중문화 등장 이후 문화 혹은 문화콘텐츠가 획일화, 집중화되는 경향을
보이는 상황에서 작은 단위의 전통문화는 새로운 창작소재로도 매우 중요한
가치를 지니고 있다. 특히 우리나라처럼 서울 중심의 중앙 문화의 경향이 지나
친 곳에서 이러한 작은 단위의 지역문화와 집단문화에 대한 관심이 요구된다.
일본은 세계에서 가장 발전한 산업국가 중에 하나이지만 이러한 미세문화도
잘 보존하고 가꾸고 있다. 이러한 요소들이 오늘날 수많은 애니메이션 창작소
재로 재등장하고 있기도 하다.

『해리포터』에 서양의 전통문화가 녹
아들어 있고, 〈토토로〉에 일본의 전통
문화가 스며들어 있다. 그런데 우리는
너무나 안타깝게도 이러한 전통문화를
제대로 보존하지도, 활용하지도 못하고
있다. 구체적인 우리의 전통 소리, 행위,
그림, 문자콘텐츠 중에 소리와 그림은
이미 전통을 거의 잃어버리고 있는 실정

이다. 독특한 매력을 가진 조선시대 민화와 같은 전통적인 우리의 문화를
캐릭터화하는 작업조차도 제대로 이루어지지 않고 있다. 캐릭터를 그려 내는
전문가들이 이미 서양 혹은 일본식 그림에 너무나 익숙해 있기 때문이다.
서양적 혹은 일본적 심미관에 길들여진 그들이 만들어 내는 한국적 이미지는
어느새 서양의 혹은 일본의 이미지가 되어 버리고 있다. 이러한 우리의 콘텐
츠 없이 전국에 즐비한 아파트와 화려한 공연장이 결코 문화콘텐츠를 풍성하
게 하지는 못한다.

외부 문화에 배타적이어서는 안 되겠지만 익숙한 전통문화마저 지키지 못
하면서 외부의 것을 수입한다고 제대로 소화나 해낼 수 있는지 의문이다.
세계 유일의 문자를 기념하던 날인 한글날조차도 경제논리에 밀려 휴일에서
제외되고 있는 것이 우리의 현실이다. 문화나 여가생활은 산업생산에 방해가
된다고 생각하는 전근대적 사고방식의 결과물이다. 오히려 이렇게 자랑스러
운 문화적 내용을 자랑하고 발전시켜야만 한다. 세계문화유산으로 등록되어
있는 석굴암, 불국사, 해인사장경판전, 종묘, 창덕궁, 수원화성, 경주역사유적
지구, 고인돌유적과 같은 유물도, 훈민정음, 조선왕조실록, 직지심체요절, 승
정원일기와 같은 기록유산도, 종묘제례·종묘제례악, 판소리, 강릉단오제와

여성 호주를 나타내는 조선시대 문서

같은 무형유산도 우리의 생활에서 너무 멀리 떨어져 있는 것이 사실이다. 유네스코는 세종대왕상을 받아들였지만 우리는 영어를 섞어 쓰며 제대로 알지도 못하는 외국의 기념일을 기념하기 바쁘다.

일제강점기가 전통과의 단절에 지대한 영향을 미친 것은 분명한 사실이지만 가장 결정적인 원인은 우리 스스로의 무관심이다. 우리의 어설픈 선진화와 세계화 속에 우리 자신을 잃어버리고 있는 것이다. 경제적 군사적 종속은 기회만 생기면 쉽게 벗어나 독립할 수 있지만 문화적 종속은 홀로 선다는 정신 자체를 앗아가기에 벗어날 수 없을 정도로 무서운 존재이다. 해방 이후 우리는 경제적으로 군사적으로 부쩍 성장했지만 문화는 오히려 더욱 종속화되고 있다. 독립 국가는 단순히 물질적인 것만을 의미하는 것은 아니다. 정신을 잃어버린 독립 국가는 없다.

일그러진 우리 근대 역사 앞에서 우리는 수많은 왜곡을 우리의 것이라고 이해한다. 조선시대 여성에 대하여 우리는 출가외인, 수절과부 등이 조선시대의 당연한 현상이라고 가르쳤고 믿어 왔다. 이처럼 굳어진 선입관으로 과거를 재단했다. 하지만 최근 정지영의 논문에 의하면 실질적으로 수절과부는 20%를 넘지 않았고, 과부가 되면 친정으로 돌아가는 것이 보편적이었다고 한다. 이처럼 우리는 잃어버린 것이 무엇인지도 모르고 있을 정도로 전통문화에 관심이 없다. 과연 우리는 홀로 우뚝 선 독립 국가일까?

단순히 유물을 잘 보존하고 전례행사를 유지하는 것이 전통문화를 지키는 것이라는 사고 또한 없어져야 한다. 생활 속에 살아 숨 쉬는 전통문화가 가장 중요하기 때문이다. 이러한 자각과 반성 없이 문화콘텐츠가 번성하기를 바라는 것은 어불성설이다. 아파트를 헐어버릴 수 없다면 새로운 환경에 맞는 다양한 문화 양태를 계발하고 발전시켜 나가려고 전 사회가 같이 노력해 나가야 한다. 또한 문화가 살아 숨 쉬는 생활을 만들려고 함께 노력해야 할 것이다.

산업화 시대의 문화콘텐츠

문화산업은 대중문화(popular culture)의 등장과 함께 시작되었다. 대중문화는 일반적으로 영국의 산업혁명 이후 형성된 것으로 보고 있다.* 즉 자본주의의 등장 이후 발생한 산업화와 도시화가 대중문화 형성과 밀접한 관련을 가지고 있다는 이야기이다. 산업사회에서 대중문화는 경제적 이익만을 추구하는 산업적 성격과 함께 살아 있는 대중이 선택하는 문화라는 두 가지 성격을 동시에 가지고 있다. 문화와 산업은 일반적으로 결합시키기 어려운 두 영역이었다. 그러나 산업화 이후 두 범주가 결합되어 발생한 문화산업은 1970년대 유네스코(UNESCO)를 중심으로 문화산업의 경제적 · 사회적 분야의 긍정적인 측면이 재조명되면서 주목받기 시작했다. 우리나라 상황에는 맞지 않지만 산업화와 시민세력이 성숙되었던 서양에서는 20세기 중엽에 이미 대중문화가 충분히 발달하였다. 현재 각광을 받고 있는 대부분의 문화콘텐츠 분야는 대중문화 시절 이미 형성되고 완성되었다고 볼 수 있다. 특히 라디오와 TV가 보편화되면서 대중문화는 일상생활 깊이 파고들어 더욱 일반화 · 보편화된다. 그 후로 산업화에 성공한 대중문화는 그에 대한 비판과는 상관없이 사회에 확고한

---

* 존 스토리 지음, 박만준 옮김. 『대중문화와 문화연구』 제3판. 경문사, 2006, 19쪽.

영역을 차지한다.

　산업화를 거치면서 전통적인 문화콘텐츠인 소리, 행위, 그림, 문자콘텐츠는 산업적 수준으로 성장하였고, 동시에 상호 간에 다양한 결합과 새로운 변형을 통하여 새로운 콘텐츠로 등장하였다. 소리콘텐츠는 음반산업과 함께 전통적인 공연을 결합시켜 뮤지컬, 콘서트 등 다양한 문화산업 영역을 생성하였다. 행위콘텐츠도 다양하게 분화되는데, 특히 스포츠 분야와 연관되어 놀라운 발전을 이루게 된다. 그림콘텐츠는 신기술의 등장에 영향을 많이 받아 전통적인 그림과 함께 사진을 또 하나의 그림콘텐츠 영역으로 가져오게 된다. 문자콘텐츠는 산업화 시기에 엄청난 성장을 거듭하여 신문과 잡지, 도서를 통해 문화산업의 저변을 구축하게 된다. 예를 들어 신문과 잡지를 통한 대중과의 직접적인 소통은 대중 소구력이 높은 만화의 발전을 가져왔다.

1) 기술 발전과 문화콘텐츠

산업화 단계에서 문화콘텐츠를 변화시킨 핵심은 여가시간의 증대와 새로운 기술의 등장이다. 여가시간 증대로 문화콘텐츠의 수요가 증가하였으며, 새로운 기술의 등장으로 전통적인 콘텐츠는 큰 변화를 맞이하게 되었다. 여가시간 증대의 영향은 점진적이고 간접적이었다면 새로운 기술의 등장은 급진적이며 직접적이었다. 여기에 교육의 대중화, 권력의 민주화 등도 또한 문화 향유의 중요한 밑바탕으로 작용하게 된다.

　산업화 시대 초기의 문화는 그림의 전시, 공공도서관, 음악회, 연극 공연 등을 통해 이전보다 대중과의 만남을 늘릴 수 있었지만, 공간적 제약과 반복되지 못한다는 일회성의 한계를 가지고 있었다. 문화의 대중적 향유 혹은 산업적 소비는 표준화되고 대량생산되어야만 가능하다. 따라서 문화의 대중화는 과학의 진보, 즉 새로운 기술의 출현을 통해 대중적 향유가 가능해졌다고 할 수 있다. 예를 들면 산업화 초기에 인쇄술의 발달은 단일한 작품의 무제한적 재생산을 가능하게 함으로써 대중소비를 가능케 했다. 인쇄술의 발달로 인해 박물관에 걸려 있던 회화 걸작들이 집과 학교, 사무실 등에 걸리게 되면서 예술과 대중 간의 관계를 밀착시키게 되었다.

귀족 등 특정 계층의 전유물이었던 문학이나 미술, 음악과 같은 예술과 문화가 본격적으로 대중들에게 소비될 수 있었던 것은 전자, 전기, 통신 등의 기술과 밀접한 관련을 가지고 있다. 이런 신기술은 문화콘텐츠의 제작, 유통, 소비 전 과정에 변화를 가져온다. 신기술의 등장은 다양한 문화콘텐츠에 산업적 가치를 부여하는 데 결정적인 역할을 한다. 특히 라디오, 영화, 애니메이션, TV방송 등 현재까지도 주목받고 있는 문화콘텐츠 영역은 신기술 등장과 함께 혜성처럼 등장한 문화산업이라고 볼 수 있다. 이러한 변화를 시대별로 신기술의 등장과 문화콘텐츠의 관계를 이야기해 보자.

녹음기술의 발달은 기존의 음악 영역에 획기적 변화를 가져왔다. 모든 음악은 소리를 기본으로 하기에 시간과 공간의 제약을 받아 왔다. 소리를 저장할 수 있는 레코드의 발명은 완전히 다른 조건을 부여하였다. 한마디로 음악은 협소한 공간과 시간적 제약을 박차고 나가 필요하면 언제라도 향유할 수 있는 문화콘텐츠로 재탄생하게 되었던 것이다. 이는 음악이 더 이상 특수한 일부 계층의 전유물이 아니라 누구나 향유할 수 있는 대중적 면모를 갖추게 되었다는 의미이다. 이러한 변화는

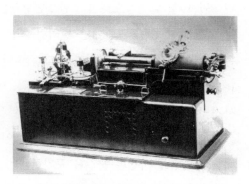

1876년경 에디슨이 발명한 축음기

음악 창작에서 보급까지 그 본질적인 부분을 흔드는 변혁이었다.

기술적인 발전과정을 알아보면, 에디슨이 발명한 축음기는 발전을 거듭하다 1924년 벨 전화회사에서 전기녹음 방식이 개발되고, 빅터 레코드가 최초로 바흐의 음악을 녹음하면서 진정한 의미에서 음악 감상이 가능하게 되었다. 1948년에는 플라스틱 공업의 발달로 LP레코드가 만들어졌다. 이후부터 음악은 실연 연주 이외에도 재생음악이라는 새로운 광활한 시장을 만들어 내게 되었다. 녹음기술은 장기적으로 영상 저장에도 연결되어 더욱 다양한 분야에서 활용되었다.

사진기술의 개발도 사회 전반에 획기적인 변화를 가져왔다. 사진기술은 고도의 스킬이 필요한 그림 이외에 순간을 포착할 방법이 없었던 시대와는 전혀 다른 시대를 개척하였다. 이는 눈에 보이는 현장을 시간과 공간적 제약에서 해방시키는 변혁이었다. 사진기술은 렌즈를 통해 평면 위에 공간과 입체적인 상을 재현하는 기술이다. 사진인 포토그라피(Photography)의 어원을 분석해보면 그리스어의 빛(Phos)과 그린다(Grahos)가 결합된 말로 '빛으로 그린다'는 의미를 가지고 있다.

사진의 역사는 다게르가 만든 은판 사진이 프랑스 과학아카데미에서 1839년 8월 19일 발명품으로 인정받으면서 시작된다. 초보적인 사진기술은 진화를 거듭하였고, 1841년에는 윌리엄 폭스 탈보트(Willam Henry Fox Talbot)가 종이에 이미지를 기록하는 칼로 타입을 발명하면서 사진 복제가 가능해졌다. 1888년에는 이스트만 코닥에서 롤필름, 현상 탱크, 현상 릴 등을 발명하여 사진의 대중화에 기여하였다.

카메라가 보급되면서 사진은 찰나를 영원으로 간직하는 매력으로 빠르게 대중화되었다. 사진은 순간을 포착한다는 그 특성상 예술보다는 리얼리티로 주목을 받았다. 즉 한순간의 역사의 현장이나 자연과 사회의 단면들을 담아

두는 기록의 역할에 충실했던 것이다. 그러나 여기에 머물지 않고 정서적 가치를 전달하는 모습으로 예술로 승화되기도 했다.

최근에는 디지털 카메라나 휴대폰 카메라로 자신의 생활을 담는 모습은 너무나 평범한 일상이 될 만큼 사진기술은 생활과 밀착된 문화콘텐츠가 되었다. 그런데 사진기술의 발전이 중요한 또 하나의 이유는 이후 영화는 물론 영상기술 개발의 밑바탕을 구축했다는 점이다.

영화산업의 출발은 사진 기술의 발전과 흐름을 같이 한다. 프랑스 박물학자 마레(E. J. Marey)는 1888년에 권총형 사진기를 개량하여 감광판을 회전시켜 새의 모습을 1초에 12회 촬영하였다. '연속기록사진장치'로 불린 마레의 카메라는 아직 완전하지는 않았지만 촬영기의 모든 원리를 내포하고 있었다. 1891년 미국의 발명가 에디슨은 키네토스코프(kinetoscope)라 불린 카메라를 발명했는데, 1초에 필름의 46프레임이 지나가면서 순간적인 영상을 담을 수 있었다. 또한 카메라로 찍은 음화를 양화로 만들어 구멍을 통해 직접 육안으로 들여다볼 수 있게 설계하였다.

최초의 영화는 뤼미에르 형제가 제작한 〈뤼미에르 공장을 나서는 노동자들〉(La Sortie des ouvriers de l'usine Lumière, 1895)이다. 뤼미에르 형제는 움직이는 영상을 스크린 위에 영사하는 방식인 시네마토그라프(cinématographe)를 개발하여 이 영화를 촬영하였다. 최초의 영화상영회를 가진 지 불과 몇 달 뒤인 1896년, 뤼미에르 형제는 런던과 뉴욕을 방문하여 시네마토그라프 상영회를 가졌다. 이 발명품은 폭발적인 관심을 일으키며, 벨기에, 독일, 네덜란드에서 시연회를 가지는 등의 놀라운 성과를 일궈 냈다. 이후 미국의 스미스는 극장에 상영할 영화를 제작하기 위하여 바이타그래프(Vitagraph) 영사기를 개발해 〈지붕 위의 강도〉(Burglar on the Roof, 1898)라는 영화를 제작하였다. 이때부터 영화는 문화산업으로 발전할 수 있는 기초를 마련했다고 할 수 있다.

영화가 문화산업으로 발전하면서 현실의 화면에만 만족하지 않고 가상의 모습을 창조해 내는 애니메이션(animation)이라는 새로운 장르가 탄생하기도 하였다. 애니메이션은 보통 만화와 영상기술의 결합으로 만화영화(漫畵映畵) 혹은 동화(動畵)라고도 부르기도 했지만, 애니메이션의 발전과 더불어 만화뿐만 아니라 진흙, 인형 등 다양한 시도가 생겨나면서 영역을 확장하였다. 애니메이션이라는 단어는 라틴어 'anima'(영혼, 생명체)와 'animatus'(움직이게 한다, 살아나게 한다)라는 의미를 조합하여 나온 말이다. 애니메이션과 기존의 만화의 차이점은 정지된 만화와는 달리 여러 장의 그림을 연속 촬영하거나 조작하여 움직이도록 보이게 만든 것으로 엄밀하게 논하자면 만화보다는 영화의 일종이다. 최초로 만들어진 애니메이션은 1906년 제임스 스튜어트 블랙톤(J. Stuart Blackton)의 〈유쾌한 얼굴〉(Houmours Phase on Funny Face)으로 보고 있다. 스토리가 있는 최초의 애니메이션은 프랑스의 에밀 콜(Emile Cohl)의 〈팡타스마고리〉(Fantasmagorie)로 1908년 프랑스에서 개봉되었다. 1909년에는 미국의 윈저 맥케이가 〈공룡 거티〉(Gertie the Trained Dinosaur)를 만들어 극장 영화로 상영하였고, 미국으로 건너온 에밀 콜은 〈When He wants a dog, He wants a dog〉를 1913년 제작하여 현재 만화영화를 지칭하는 'animated cartoon'(움직이는 만화)이란 용어가 만들어지게 하였다.

녹음기술과 마찬가지로 전통적인 소리콘텐츠를 획기적으로 변화시킨 기술이 있었는데 바로 라디오 기술이다. 라디오 기술은 1895∼1896년에 G. 마르

제작 방식에 따른 애니메이션 분류

제작방식	특 징
컴퓨터 애니메이션	CGI(computer-generated imagery) 애니메이션. 미국을 중심으로 극장용 위주
셀 애니메이션	Drawing Animation. 현재 주류 애니메이션. 점차 3D로 전환 추세
2D+3D 합성 애니메이션	Mix Animation. 전체를 3D로 제작하기 어려운 애니메이션 제작 시 활용
기타 애니메이션	플래시, 퍼핏, 클레이 등

유통 채널에 의한 애니메이션 분류

유통 채널	특 징
TV용 애니메이션	방송용 시리즈물. 30분 전후
극장용 애니메이션	제작비가 많이 듦. 일본과 미국 중심
DVD/홈비디오 애니메이션	부가 판권 시장이 발달한 국가 위주
기타 애니메이션	인터넷, DMB, 모바일 등

코니(Guglielmo Marconi)가 무선통신 방법을 발명한 이후 소리를 전기신호로 바꾸는 마이크로폰 개발로 인해 그 가능성이 열렸고, 1906년 미국의 드 포리스트(Leede Forest)가 신호를 증폭하고 전송하는 오디언 튜브(3극 진공관)를 발명한 이후부터 라디오 방송이 가능해졌다. 라디오 방송은 단말기와 언제나 함께 해야만 존재할 수 있다. 기술의 발전에 따라 라디오 수신기가 소형화하여 라디오 방송 수신기의 보급이 늘어났고, 통신산업의 성장이 함께하였다. 세계 최초의 방송은 1920년 11월 방송을 시작한 미국 피츠버그의 KDKA국에서 이루어졌다. 한국 최초의 방송은 1927년 2월 경성방송국에서 개시되었다.

문명의 이기는 때로 사회를 크게 뒤흔들어 놓는다. 라디오의 등장이 그러했다. 조그만 상자에서 나오는 사람 음성에 안에 사람이 들어갔다는 생각을

국내 최초 라디오인 금성사의 A-501

불러일으킬 정도로 사람들은 경악했다. 본격적인 라디오 방송은 1920년 미국에서 시작되었지만 이전부터 정보를 전달하는 수단으로 사용되었다. 당시까지만 해도 받아들이기 힘든 놀라운 기술적 발전이었다. 이러한 전자기술의 발전으로 현실이 아닌 가상의 공간이 가능해지면서 사회의 핵심으로 등장하게 된다. 현실에서만 가능했던 동작이 매개체를 통해 사람에게 다가옴으로써 다양한 영역이 생겨난다.

라디오 기술은 공간을 뛰어넘는 놀라운 체험을 던져 주었다. 모든 정보를 출판에만 의지했던 사회는 라디오에 집중하게 된다. 특히 시간을 다투는 속보에서 라디오는 가장 중요한 전달 수단이 된다. 공간의 제약을 받지 않는 라디오의 특성으로 인해 소리콘텐츠는 드라마, 음악 프로그램, 광고 등으로 다양하게 개발된다. 그럼에도 불구하고 라디오의 등장은 문화산업 자체적 영향력보다는 사회적 영향력이 더욱 지대하였다. 이는 소리콘텐츠만을 사용할 수밖에 없다는 한계 때문이기도 했다. 이러한 한계를 벗어나기 위해서는 TV 기술의 등장을 기다려만 했다.

TV는 라디오와 달리 음성콘텐츠와 이미지콘텐츠를 동시에 제공하는 문화콘텐츠이다. 텔레비전(television)의 'tele'는 그리스어로 '멀리', 'vision'은 라틴어로 '본다'는 뜻을 가지고 있다. 그림을 전류로 전환하여 송신하는 방법에 대한 연구는 영국의 전기학자 알렉산더 베인(Alexander Bain)부터 시작되었다. 이후 1884년 독일 발명가 파울 니프코우가 구멍이 촘촘히 뚫린 회전하는 원반을 이용하여 사진을 화소로 분해하고 이를 전기신호로 바꿔 수상기로 전송하는 주사원판 기술을 개발하였다. 텔레비전은 이후 기계식 TV와 전자식 TV로 질적인 기술개발이 이루어지면서 문화콘텐츠의 주요한 미디어가 되었다. 본격적인 TV 방송은 1931년 미국에서 첫 시험방송이 시작되었고, 프랑스와 독일은 1935년에, 영국은 1936년에, 미국은 1939년에 정규방송을 개시하였다. 한국은 1956년 5월 12일 세계에서 15번째로 TV 전파를 발사하였다.

TV의 등장은 안방에서 모든 것을 즐길 수 있다는 의미로 사회와 생활에 커다란 변혁을 가져온다. 이처럼 TV 방송이 시작되고 TV가 보급되면서 아주 큰 영역을 만들어 내는데, 기존의 문화산업에도 일대 파란을 불러일으킨다. 이 영역은 라디오와 영화 영역을 대폭 흡수한 것으로 라디오와 영화는 생존마저 고민해야 할 정도로 타격을 받기도 한다. 그럼에도 불구하고 나름대로의 특성을 살려 독립적인 영역을 확보하게 되지만, TV의 영향력은 절대적이었다.

우리나라의 방송산업도 1980년 컬러 방송이 시작된 이후 급격히 발전하여 1980년대 말에서 2000년대 초까지 문화산업의 핵심적인 위치를 차지하면서 최고의 전성기를 구가하였다. 방송은 공중파에서 다채널 방송, 위성방송, 뉴미디어 방송으로 다양화되었고, 2012년 12월 31일 아날로그 방송이 종료되고 2013년부터는 디지털 방송이 전면 실시될 예정이다. 특히 TV 기술은 통신기술과 결합하여 그 영향력을 확대하고 있는데 DMB가 그 대표적인 예이다. 이러한 기술의 발전으로 TV는 이동공간에서조차 절대왕좌를 차지할 것으로 예상된다.

지금까지 우리는 신기술의 등장으로 변모해 온 우리의 삶과 문화콘텐츠에 대해 살펴보았다. 결국 첨단기술(high technology)은 새로운 문화산업의 흐름을 좌우해 왔다. 그러나 모든 문화콘텐츠 영역이 첨단기술과 융합해야만 존재할 수 있다는 의미는 결코 아니다. 비록 새로운 영역의 출현으로 기존의 문화콘

전통문화콘텐츠의 문화산업 변화과정

1. 기본 개념

전통문화콘텐츠 (소리, 그림, 문자, 공연)	사회변화(산업화, 대중문화)+신기술	문화산업의 성숙과 새로운 영역 등장

2. 변화과정

소리콘텐츠 : 음악	라디오 방송, 음반	그림책, 만화책, 사진집, 라디오 프로그램, TV 프로그램, 애니메이션, 영화, 테마파크
행위콘텐츠 : 춤	무용, 스포츠	
그림콘텐츠 : 미술	만화, 미술관, 사진	
문자콘텐츠 : 출판	출판, 신문, 잡지	
복합 콘텐츠 : 놀이, 공연, 축제	놀이, 공연, 축제, 방송, 박물관, 과학관, 호텔	

텐츠가 타격을 받는 것은 당연하지만, 기존의 문화콘텐츠도 나름대로의 영역에서 나름대로의 영향력을 발휘한다는 점을 잊지 말아야 한다.

산업화와 신기술의 출현으로 사진, 방송, 영화, 애니메이션 등 현대 산업사회의 총애를 받는 문화콘텐츠들이 등장했다. 따라서 기존의 출판콘텐츠, 음악콘텐츠, 미술콘텐츠 등의 전통적인 문화콘텐츠들도 많은 변형이 일어났다. 그러나 이러한 사회의 변화와 신기술의 등장에도 불구하고 자신만의 생존방식을 찾아내면서 고유의 문화영역을 여전히 유지하고 있다는 점에 주목해야 한다.

오히려 우리가 주목해야 할 점은 모든 콘텐츠가 갈수록 복합 콘텐츠화되어 가고 있다는 점이다. 이제 더 이상 하나의 영역에 만족하지 않고, 다양한 영역을 넘나들고 있어서 기존의 분류방법으로 접근하기 힘든 새로운 영역이 속속 등장하고 있다. 복합 콘텐츠는 서로 다른 영역이 합쳐져 새로운 영역을

복합 콘텐츠 형성의 한 예

만들어 내는 것을 말한다. 이러한 시도는 전통시기부터 존재했으나 지금은 오히려 복합 콘텐츠가 아닌 것이 없을 정도로 창작에 필요한 모든 요소를 적극적으로 끌어다 쓰고 있는 상황이다. 따라서 우리의 평가와 분류방법도 앞으로 이러한 상황에 맞춰 보다 열린 시각을 견지해야 할 것이다.

2) 특성별 문화콘텐츠

1950년대 이후 매스미디어의 발달과 보편화로 대량 복제와 대량 전파가 가능해지면서 대중들은 보다 쉽게 문화를 접하고 소비하게 되었다. 이로 인해 문화는 전문적인 예술가들의 영역에서 걸어 나와 점점 인간의 생활양식과 관련된 모든 분야를 포함하게 되었다. 또한 문화를 통해 이윤 창출이 가능하게 되면서 급속하게 상업화되었고 결국 문화산업이란 개념에까지 이르게 되었다.

이러한 대중문화 시절 형성된 문화콘텐츠의 분야에 대한 분류는 전문가나 집단별로 매우 다양하게 나뉘고 있다. 분류의 차이는 시각과 접근방법의 차이로 인한 당연한 결과이지만, 분류에 대한 지나친 편차는 아직 문화콘텐츠에 대한 사회적 합의가 형성되지 않았다는 점을 보여 주는 단면이기도 하다.

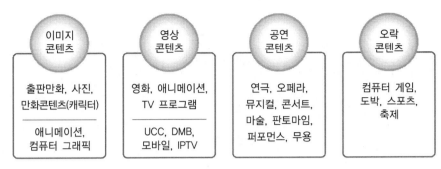

산업화 시대의 문화콘텐츠 4대 분야(장르) 및 세부 분야

또한 문화콘텐츠는 신기술의 등장과 새로운 유행에 매우 민감하게 반응하기 때문에, 사회의 발전과 신기술의 등장으로 날이 갈수록 다양화되고 세분화될 수밖에 없다는 측면도 가지고 있다.

문화콘텐츠에 대한 분류가 시대적 한계성을 가지는 것은 당연하며, 또한 사회 모든 분야를 포괄하여 정확한 분류를 이끌어 내기도 쉽지 않다. 시대적 사회적 한계를 뛰어넘어 분야를 분류한다는 것은 쉽지 않다. 하지만 기본적인 특성을 기준으로 분류해 본다면 보다 확실한 분류가 가능할 것이라고 본다. 지금의 문화콘텐츠가 아무리 다양하다고 해도 나름대로의 영역이 지니고 있는 역사성과 고유의 특성을 비교해 보면 좀 더 객관적인 분류가 될 것이다.

현재 사회에 나타나는 문화콘텐츠는 전통적인 소리콘텐츠, 행위콘텐츠, 그림콘텐츠, 문자콘텐츠를 기본으로 다양한 영역이 형성되고 있지만 각 분야를 기본적인 특성을 기준으로 접근해 보면 문화콘텐츠 분야는 크게 네 가지로 나눠볼 수 있는데, 이미지콘텐츠, 영상콘텐츠, 공연콘텐츠, 오락콘텐츠가 그것이다. 이러한 분류는 분야별 특징의 유사성을 바탕으로 하였으며 모든 분야를 포괄할 수 있도록 노력하였다. 각 분야의 영역에 대해 자세히 알아보면 다음과 같다.

이미지콘텐츠

이미지콘텐츠는 전통문화의 그림콘텐츠를 기반으로 하고 있지만 전통문화와 달리 대중과의 친밀도가 뛰어나다. 전통문화는 미술이라는 화려한 예술적 성과를 만들어 냈지만 점차 전문화되면서 대중과 멀어진다. 그렇게 멀어진 그림은 만화라는 이름으로 새로운 모습으로 대중화된다. 책의 삽화 형태로 문자콘텐츠를 위한 보조적인 콘텐츠로 취급되었던 이미지콘텐츠는 문화산업의 시대에 와서 만화처럼 당당하게 소설과 맞설 수 있는 자신의 고유한 영역을 확립한다.

사전적인 의미로 만화는 풍자나 우스갯거리 등을 주로 선화(線畵)로 경쾌하고 익살스레 그린 그림이나 어떤 줄거리가 있는 이야기를 연속된 그림과 대화로 엮은 것 등을 가리킨다. 기본적으로 글과 그림이 적절히 혼합되어 예술 향유의 즐거움을 제공하는 장르라고 할 수 있다. 만화는 그림과 글이 어울린다는 점에서 글로만 이루어진 문학과 다르며, 독자가 읽기의 호흡을 스스로 조절해야 한다는 점에서 영화를 비롯한 다른 영상물과 다르고, 인터랙티브(interactive) 요소 없이 철저하게 내러티브(narrative) 중심이라는 점에서 게임과 다르다.

만화가 산업화된 것은 1910년대 미국의 상업적인 일간지와 잡지에 만화를 공급하는 신디케이트(syndicate, 배급기업)의 출현에서 찾을 수 있다. 신디케이트의 탄생으로 미국의 모든 일간지와 잡지는 재미있는 만화를 연재할 수 있게 되었다. 근대적인 형식의 만화가 탄생한지 불과 수십 년 만에 만화는 우리들의 친한 친구가 되었다. 〈타잔〉, 〈뽀빠이〉 등 친숙한 만화들이 그 당시 유행하였다. 미국의 만화는 대공황의 일상에 지친 대중들이 쉽게 구입하여 환상의 세계로 들어갈 수 있는 친숙한 엔터테인먼트가 되었다. 미국 만화는 제2차 세계대전이 끝나고 경제가 안정 되면서부터 슈퍼히어로물이 주류를 이루었다.

일본이 만화의 천국으로 불리게 된 것은 데즈카 오사무(手塚治虫)부터다. 오사무의 대표작은 1951년부터 1968년까지 16년간 잡지『쇼넨』(少年)에 연재된 〈아톰대사〉(アトム大使)이다. 이 작품은 1963년 후지 TV에 애니메이션으로 방영되었다. 제2차 세계대전 패망으로 상실감에 젖어 있던 일본 국민들은 〈철완아톰〉(鉄腕アトム)에 열광하여, 시청률이 40.7%에 이르렀다. 데즈카 오사무를 중심으로 1960년대 일본 만화는 나가이 고(永井豪)의 〈마징가 Z〉와 마쓰모토 레이지(松本零士)의 〈은하철도 999〉 등 장편 만화를 발전시켰다.

우리나라 초기의 만화는 신문과 잡지에 카툰이나 만평의 형식이었다. 우리나라 만화의 발전 과정에서 주목할 만한 사건은 1948년 조선 최초의 순수만화 전문주간지인『만화행진』의 창간이다. 이후 만화는 생활에 밀접한 문화가 되었다. 잠시 정치적 선전의 도구로 활용되기도 했지만, 만화는 여전히 대중의 인기를 얻고 있었다. 전쟁 이후에는 1권당 16쪽 내외의 속칭 '떼기 만화'가 유행하기도 했는데, 조악한 품질의 '떼기만화'는 〈젠의 보물섬〉, 〈깨어진 접시〉 등 서구를 배경으로 한 모험 이야기가 많았다. 1956년에는『만화세계』라는 만화 전문잡지가 탄생했다. 이 잡지에 실렸던 임수의 〈거짓말 박사〉, 김종래의 〈눈물의 지평선〉, 〈엄마 찾아 삼만리〉 등이 단행본으로 출판되어 큰 인기를 누렸다.

전통적인 문화적 관점에서 천시되었던 만화는 대중문화에 의해 주목받으면서 사회적 관심분야로 떠오른다. 우리나라에서는 최근에서야 만화를 원작으로 한 영화나 TV 드라마가 등장하였지만 할리우드에서는 이미 일반화된 일이다. 〈엑스맨〉, 〈스파이더맨〉, 〈배트맨〉, 〈슈퍼맨〉 등 많은 영화들이 만화를 원작으로 하여 영화화되었을 정도로 만화의 산업화는 깊은 뿌리를 가지고 있다.

『슈퍼맨』은 1951년, 54년, 73년에 한 차례씩 영화화되었다. 만화 슈퍼맨은

1938년 6월 만화책으로 선보였고 이듬해 1월에는 신문의 연재만화에도 등장했는데, 둘 다 제리 시걸(Jerry Siegel)이 줄거리를 구성하고 조 셔스터(Joe Shuster)가 그림을 그렸다. 슈퍼맨은 그 뒤 라디오, 만화영화, 소설, 브로드웨이 연극, TV 연속극, 영화의 주인공이 되었다. 우리에게 낯익은 슈퍼맨은 1978년 영화화한 것으로 이후 시리즈로 연결되었고, 2006년에는 〈슈퍼맨 리턴즈〉(Superman Returns)가 만들어지기도 했다. 미국에는 슈퍼맨의 탄생을 기리는 축제가 열리고

1938년 6월 발간된 『슈퍼맨』 1호 코믹스 표지

있을 정도로 슈퍼맨이라는 단어는 이미 일반명사로 사회에 쓰이고 있다.

우리나라에서 만화는 지속적으로 천시받는 존재였다. 만화의 긍정적인 측면보다 부정적인 측면이 사회적 관념으로 자리 잡으면서 만화의 발전이 더딜 수밖에 없었다. 1980년대 초반 이현세의 〈공포의 외인구단〉이 흥행하면서 사회적 관심사로 떠오르지만 공부에 방해나 되는 존재로 치부되고, 정권의 사전검열까지 이어지면서 만화는 뒷골목 문화에 머물러 있어야 했다.

만화는 현재 영화의 원작뿐만 아니라 애니메이션이라는 고유의 영역을 만들어내면서, 영화에 버금가는 종합예술로 발전하여, 영상콘텐츠의 영역을 넘나들게 되었다. 또한 캐릭터로 대표되는 만화콘텐츠는 만화의 영역을 뛰어넘어 새로운 분야와 결합하면서 황금산업으로 떠올라 주목받고 있다. 또한 컴퓨터의 등장으로 CG로 불리는 컴퓨터 그래픽이 일반화되면서 기존의 만화와 비교조차 어려울 정도로 새로운 창작과정과 전파과정을 만들어 내고 있다. 펜을 사용한 전통적인 아날로그 창작이 마우스 펜을 이용한 디지털 창작으로 바뀌어가고 있는 것이다.

영상콘텐츠

영상콘텐츠의 양대 산맥은 영화와 TV 방송이다. 그런데 이 영상콘텐츠는 이미지콘텐츠인 사진에서 비롯된다. 그 흔적은 초창기 한국과 일본에서 영화를 영어의 'motion picture'를 직역하여 '활동사진'이라고 한 것에서 볼 수 있다. 또한 TV 기술도 사실 정지된 그림을 빠르게 연속으로 그려 활동성을 불어넣어주는 것이다. 여하튼 영상콘텐츠는 등장 이후 이미지콘텐츠를 뛰어넘는 놀라운 영향력을 보여 준다.

사진에 움직임을 부여하면서 시작된 영상콘텐츠는 영화로 대표된다. 영화는 순간을 기록한 장면을 연속적으로 촬영하여 전달하는 영상물이다. 초창기 무성영화는 1927년에 유성영화로 변화하면서 크게 발전한다. 영화는 무비(movie)·시네마(cinema)·필름(film) 등으로 불리는 것처럼 다양한 영역을 확보하며 지금까지 발전하고 있다. 영화는 내용과 형식에 따라 수많은 분류로 구분되기도 한다.

영화의 역사적 발전을 큰 맥락으로 살펴보면 다음과 같다. 영화기술 형성기로 초창기 광학기계나 광학적 원리를 차용한 움직이는 영상으로 만들어 내고 실험적인 영화가 등장하던 시기이다. 다음 시기는 대략 1895년부터 제1차 세계대전에 걸쳐 나타나는 상업적인 오락으로서의 초기 무성 영화의 발전시기이다. 이후 영화산업이 등장하기 시작하게 되면서 대중문화산업의 중심으로 떠오르게 되는데 여전히 무성영화가 주류를 이룬다. 이후 1914년부터 점차 소리콘텐츠인 사운드를 포함시키면서 복합 콘텐츠로 발전하게 된다. 이후 1927년부터 제2차 세계대전이 끝날 때까지는 유성영화를 중심으로 스튜디오 시스템이 주류를 이루게 된다. 이후 스튜디오 시스템이 몰락하고 미국에서 수많은 독립 프로덕션에 의한 독립 영화가 발전하게 되면서 영화산업의 현대적 기본 체계가 완성된다. 1960년 이후 영화는 국가를 뛰어넘어 세계를 무대로 움직이게 되면서 해외시장이 주목받게 된다. 이는 블랙버스터라고 불리는 거대자본의 대형 영화의 탄생을 의미한다. 또한 비디오와 해외 시장의 확대로 시장의 주목을 받게 되고 새로운 기술의 발전으로 기술, 와이드 스크린 영화, 특수 효과, 컴퓨터 애니메이션, 컴퓨터 사운드 등이 등장하여 다양한 영화가 창작된다. 그러나 결과적으로 엔터테인먼트 복합 기업이 영화산업을 흡수하여 영화는 다른 문화콘텐츠 영역과 다양한 형태로 결합하게 된다.

영화는 고유한 영역을 구축하며 시대를 풍미했지만 수많은 경쟁 상대와 힘겨운 싸움도 동시에 진행했다. 그 첫 번째 시련은 TV의 등장이었으며, 컴퓨터의 보급과 무한 복제로 타격을 받았고, 여기에 DMB, IPTV, 모바일 등 다양한 경쟁매체가 등장하고 있는 것이 현실이다. 그럼에도 불구하고 영화는 스케일, 집중성 등 고유한 성질을 이용하여 독립적인 영역을 확고하게 구축하며 생존하고 있다.

TV 방송은 1929년에 비비시(BBC) 방송국에서 처음으로 시작하였다. TV의 보급 속도는 놀라울 정도로 빨랐다. 1936년에는 세계에 불과 200여 대이던 것이 1948년에 미국에만 100만 대 정도가 있을 정도였다. 또한 1954년 미국에서 NTSC 방식으로 컬러 방송을 시작한 이후 1967년에는 대부분의 방송이 컬러로 발전하였다. 현재 TV 방송은 가장 보편적인 영상콘텐츠로 대중들의 일상생활과 분리할 수 없는 문화가 되었다.

현재 TV 방송은 규모나 영향력으로 보아 문화산업과 문화콘텐츠를 이끄는 선두주자이다. 그럼에도 불구하고 TV 방송을 문화콘텐츠적인 관점에서 논하는 데 있어서는 매우 조심스러워야 한다. TV 방송은 영화와는 달리 예술만으로 접근하기 힘든 복합적 매체라는 특성을 가지고 있다. 또한 TV 방송은 다른 문화산업이나 문화콘텐츠에 비해 사회적 영향력이 직접적이면서도 절대적이기까지 하다. 때문에 방송시장이 커진다고 해서 이를 곧장 문화콘텐츠 영역의 확대로 직결지어서는 안 된다. TV 방송은 뉴스, 시사프로 등 포괄적으로 사회 전반을 다루고 있다. 따라서 단순한 문화콘텐츠의 한 영역으로 분류하기에는 무리가 따른다. 또한 TV 방송을 단순히 문화산업의 시각으로만 평가하는 것도 문제가 있다.

공연콘텐츠

공연콘텐츠가 포괄하는 영역은 상당히 넓다. 공연콘텐츠는 가장 전통적인 모습을 지니고 있는 콘텐츠로 무대 위에서 연기나 음악, 무용, 마술 등 다양한 문화콘텐츠를 관객에게 직접 보여 주는 영역이다. 전통적인 공연예술(performing art)을 계승한 것으로 무대에서 공연되는 모든 형태의 예술인 공연예술의 사전적 정의는 "인쇄화할 수 있는 문학과는 달리 무대 위의 공연자를 통해 공연되는 동안만 존재하다가 공연이 끝나면 없어져 버리는 일회적인 예술이다." 공연예술은 전통적으로 연극, 무용, 음악, 오페라 등을 기본으로 마술, 서커스 등 다양한 공연을 포함하고 있다. 공연콘텐츠는 이처럼 다양한 영역을 포괄하지만, 연기자와 관객이라는 공통요소를 가지고 있다. 그래서 공연콘텐츠는 그 무엇보다 정해진 같은 공간 안에서 연기자와 관객의 상호교감이 중요하기에 무대예술이라고도 부른다.

공연산업은 크게 연극, 음악, 무용으로 나눌 수 있다. 전통적으로 공연산업은 산업적 측면보다는 예술적 가치를 지향해 왔다. 따라서 자체적인 이윤 창출보다는 국가나 공공의 지원을 바탕으로 발전해 왔다. 그러나 미국 브로드웨이의 뮤지컬 흥행 성공과 대중음악의 지속적 발전은 공연콘텐츠의 영역을 산업화의 방향으로 이끌어 왔다. 산업으로서의 공연콘텐츠를 기획과 창작, 배급과 소비라는 문화콘텐츠 흐름에 따라 분석해 보면, 창작에는 작사, 작곡, 희곡 등이 포함되고, 기획활동에는 창작자 섭외 및 공연자 캐스팅과 마케팅

활동을 들 수 있다. 배급에는 의상, 무대, 조명, 음향, 티켓 판매, 관련 상품 판매 등이 포함될 수 있다.

공연산업 중 연극 영역에는 일반 연극과 뮤지컬 등의 악극, 마임이나 퍼포먼스, 전통극과 마당극, 아동극과 청소년극, 국극이나 창극 등으로 구성되어 있으며, 음악 콘텐츠는 뮤지컬, 대중음악, 클래식, 오페라, 전통음악 등으로 구분할 수 있다. 무용 콘텐츠에는 발레, 전통무용, 현대무용, 사교댄스, 브레이크댄스 등이 포함된다.

한국의 대표적인 문화콘텐츠로 떠오른 비보이

공연콘텐츠의 특성을 공통적으로 파악하는 작업은 상당히 어렵다. 관련 자료가 아직까지 체계적으로 정비되지 않았고, 국가마다 공연콘텐츠를 포괄하는 범주도 다르기 때문이다.

여기서 재미있는 점은 기술의 발전에 따라 공연콘텐츠는 지옥과 천당을

세계 4대 뮤지컬 포스터 : 〈캣츠〉, 〈레미제라블〉, 〈미스 사이공〉, 〈오페라의 유령〉

오가고 있다는 점이다. 영화와 TV의 등장으로 공연콘텐츠는 큰 타격을 받는다. 특히 TV는 번거롭게 움직일 필요없이 거의 모든 공연콘텐츠를 안방에서 볼 수 있게 만들었다. 때문에 수많은 공연콘텐츠는 생존을 고민할 정도로 크게 위축된다.

그런데, 이러한 공연콘텐츠가 디지털 시대에 접어들어 오히려 주목받고 있다. 디지털 기술로 포괄할 수 없는 아날로그적 감성이 공연콘텐츠의 특색으로 부각되면서 주목받고 있는 것이다. 아날로그에 대한 추억, 즉 현장체험과 참여라는 두 가지 키워드에서 공연콘텐츠는 그 핵심을 이루고 있다. 앞에서 거론했듯이 디지털 기술의 발전은 음반산업에 큰 타격을 주고 있지만 뮤지컬을 필두로 공연콘텐츠는 더욱 각광을 받고 있다.

앤드루 로이드 웨버
(Andrew Lloyd Webber)

영국 출신의 작곡가인 그는 '뮤지컬의 마이다스'라 불릴 만큼 많은 히트작을 발표했다. 처녀작인 〈조셉과 어메이징 테크니컬러 드림코트〉를 시작으로 〈지저스 크라이스트 슈퍼스타〉, 〈캣츠〉, 〈에비타〉, 〈스타라이트 익스프레스〉, 〈송 앤 댄스〉와 후속작인 〈텔 미 온 더 선데이〉 등은 특히 손꼽힐 만한 그의 히트작이다.

그가 설립한 리얼리 유스풀 그룹(Rearlly Useful Group)은 뮤지컬산업을 총체적으로 관리하고 있는 세계적 규모의 문화산업체이다. 이 회사는 공연 제작뿐 아니라 유통, 저작권 관리 등을 맡는 리얼리 유스풀 컴퍼니를 비롯해 영상제작물에 관여하는 리얼리 유스풀 필름, 음반 제작을 다루는 리얼리 유스풀 뮤직, 극장 소유 및 운영을 책임지는 리얼리 유스풀 시어터스 등의 계열사를 갖고 있다.

무한대 복사가 기본인 디지털 시대에 그 수동적인 수용에 만족하지 않고, 나만의 특별함을 원하는 소비자는 적극적으로 다양한 공연콘텐츠에 참여하고 있어 다양한 형태의 새로운 공연콘텐츠의 창작을 자극하고 있다. 우리나라에서 뮤지컬이 각광을 받는 것도 마찬가지 영향이라고 해야 할 것이다. 때문에 세계 4대 뮤지컬이 모두 소개되었고, 또 인기를 끌고 있다. 뮤지컬 작품을 넘어 배우와 작가마저도 인기를 끌고 있는데, 뮤지컬의 마이다스라는 앤드루 로이드 웨버 같은 작가는 상식으로 거론되고 있을 정도다.

오락콘텐츠

오락콘텐츠의 형성은 전통적으로 놀이와 밀접한 연관을 가지고 있다. 따라서 오락 혹은 놀이의 고유한 성격에 대한 사회적 규정이 오락콘텐츠 형성에 직접적으로 영향을 준다. 오락이 재충전이라는 긍정적 의미로 받아들여지면 흥성하고, 쓸데없는 시간낭비라는 인식이 강하면 제한된다. 따라서 오락콘텐츠는 지역과 국가에 따라 매우 커다란 차이를 보이게 된다.

또한 오락콘텐츠는 전통적으로 도박과 밀접한 연관을 가지고 있다. 이런 성격의 오락콘텐츠는 지역을 뛰어넘어 존재하였는데, 장기, 바둑, 체스, 카드, 스포츠 등 다양한 분야의 오락콘텐츠가 세계 각국에서 독특한 특징을 지니며 발전해 왔다. 때문에 오락콘텐츠는 도박이라는 부정적 영향에서 자유로울 수 없었다. 도박에 대한 사회적 인식에 따라서 오락콘텐츠의 발전은 지대한 영향을 받았고, 받고 있다. 예를 들어 볼링의 시초인 9핀볼은 유럽과 미국에서 대유행하였는데, 도박 행위가 너무 심해 사회적 문제가 되자 1841년 뉴욕주를 시초로 금지령이 내려질 정도였다. 이후 9핀볼은 사라지고 지금의 10핀볼이 유행하게 된다. 또 지역별 차이가 커서 라스베이거스, 마카오와 같은 거대 도박도시가 존재하는 반면, 이슬람 국가들처럼 도박행위 자체를 금지하는 국가도 적지 않다.

오락콘텐츠는 도박의 순화된 형태인 게임으로 사회에 일반화되어 있다. 게임의 종류도 문화산업의 형성과 함께 다양화되기 시작되는데, 보드게임 (board game)은 20세기에 서구사회에서 매우 유행하였다. 2008년 '모노폴리'(Monopoly)라는 보드게임 회사는 세계판을 만들면서 22개 도시선정을 인터넷 여론조사를 실시하여 주목을 받기도 했다. 보드게임은 종이판이나 나무판에 여럿이 둘러앉아 즐기는 모든 종류의 놀이를 통틀어 이르는 말로 디지털게임이 유행하기 전까지는 게임을 대표하였다.

물론 오락콘텐츠도 부정적 한계에서 벗어나기 위해 긍정적인 측면을 강조하여 변화를 모색하고 있기도 하다. 오락의 긍정적인 측면인 재충전을 보다 확실하게 강조하기 위해 여가적인 측면이나 교육적인 측면을 강조하는 오락콘텐츠가 속속 등장하고 있다. 이러한 개선방향은 오락콘텐츠의 미래적인 방향이기도 하다.

오락콘텐츠는 최근에 다양한 형태로 변화하여 보다 많은 볼거리를 제공하고 있다. 예를 들어 아시아의 전통 오락콘텐츠인 바둑을 중국에서는 퍼포먼스와 결합시켜 새로운 볼거리로 만들기도 했다. 중국 최고의 바둑 이벤트인 봉황고성(鳳凰古城)배는 세계 최대 규모의 단판 대국으로 2년마다 한 번씩 열린다. 이 행사는 후난(湖南)성의 봉황현 남방장성 누각에서 개최돼 일명 '남방장성배'라고도 불린다. 남방장성 누각에 한 변의 길이가 31.7m, 무게 159t인 대형 바둑판을 설치하고, 그 위에서 검정색과 흰색 도복을 입은 소림사 무동 361명이 각기 인간 바둑알 역할을 하는 퍼포먼스로 유명하다.

오락콘텐츠의 또 다른 측면은 세계화이다. 오락콘텐츠의 세계화는 긍정과 부정이라는 두 가지 측면으로 살펴보아야 하는데, 교통과 디지털 기술의 발전으로 세계를 시장으로 삼을 수 있다는 측면이 존재하는 동시에 특수 지역과 국가의 오락콘텐츠는 그 고유한 특성을 잃어버리고 사멸되어가고 있기도 하다.

오락콘텐츠는 부정적인 측면으로 인해 그 성격규정에 대한 사회적 논의가 뜨거운 편이다. 따라서 문화콘텐츠에 포함되어야 하는지조차도 문제가 되고 있다. 게임이 대표적이다. 게임은 디지털 기술의 발전으로 인해 다양한 부가기능(음악, 그래픽, 캐릭터, 스토리텔링)이 가능해지고, 인터넷의 등장 등 세계적 교류가 편리해지면서 단순한 오락에서 영역을 넓혀 문화콘텐츠 영역에 편입되고 있다. 여기에 축제, 스포츠, 도박 등도 고유한 영역을 확실히 굳히면서 발전해 왔는데, 최근 문화콘텐츠의 관점에서 접근이 시도되고 있다.

다음 표는 조사에 따른 2007년 기준 우리나라의 문화콘텐츠 10개 업종별 매출을 보여 준다. 이 표를 통해 현재 우리나라의 문화산업의 영역과 그 산업적 규모를 찾아볼 수 있다. 이 표에 근거하면 디지털 혁명이 진행되는 시기에도 출판이 여전히 가장 큰 규모를 유지하고 있으며, 방송과 광고가 그 다음으로 규모가 크다는 것을 볼 수 있다. 그러나 만화나 애니메이션, 에듀테인먼트

우리나라의 문화콘텐츠 10개 업종별 매출 (단위 : 억 원, %)

산 업	2006년 기준	2007년 기준		
	매출액	매출액	구성비	연평균 성장률
출 판	198,793	215,955	36.8	8.61
만 화	7,301	7,616	1.3	0.08
음 악	24,013	23,577	4.0	7.08
게 임	74,489	51,436	8.8	6.90
영 화	36,836	32,045	5.5	8.13
애니메이션	2,886	3,111	0.5	3.61
방 송	97,198	105,343	18.0	10.22
광 고	91,180	94,346	16.1	7.50
캐릭터	45,509	51,156	8.7	1.56
에듀테인먼트	1,180	1,558	0.3	−41.37
합 계	579,385	586,147	100.0	7.31

자료 : 〈2008년 문화산업백서〉

시장은 여전히 소규모에 머물고 있어 문화콘텐츠산업 내에서도 업종 간 불균형이 존재한다는 것을 알 수 있다.

문화산업은 한 국가의 문화, 예술, 정서 등을 산업화한 것으로 기타 관련 산업과 문화 분야에 상당한 파급효과를 가지고 있다. 또한 그 파급대상이 무차별적이고, 파급범위가 광범위하여 사회에 미치는 영향력이 지대하다. 다른 공산품과 달리 문화상품은 생산국의 문화적 정체성을 담고 있어서 문화수입국의 문화 정체성에 영향을 주고 경제적 부가가치 창출이 크기 때문에 각국은 자국의 문화와 문화산업 보호를 위해 적절한 보호 장치와 규제를 하고 있다. 그러나 이러한 현상은 디지털 시대를 맞이하면서 질적인 변화를 보이게 된다.

디지털 시대의 문화콘텐츠

문화콘텐츠 분야는 디지털 기술의 발달과 함께 질적인 변화를 가져오면서 디지털 콘텐츠가 등장한다. 디지털 콘텐츠란 디지털 기술을 기반으로 소리, 정지화상, 동영상 혹은 이러한 표현 수단들의 조합으로 이루어지는 표현물 등을 말한다. 이를 이해하기 위해 먼저 디지털 기술의 근간을 이루는 디지털의 개념을 살펴보자.

디지털 기술이 등장하기 전, 우리는 아날로그 기술을 활용하여 문화콘텐츠를 창출하였다. 아날로그는 '닮음', '비유'라는 뜻의 라틴어 '아날로기아'(analogia)에서 나온 말로 연속적으로 변하는 것을 있는 그대로 기록하는 방식이다. 상대적으로 디지털은 '숫자', '손가락'이란 의미를 가지고 있는 라틴어 디기드(digit)에서 온 말이다. 즉 1, 2, 3처럼 분명하게 셀 수 있는 구조를 의미한다.

여러 매체에서 사용되는 데이터를 0과 1의 신호로 바꾸어 정보를 전달하는 방식이다. 아날로그 방식에 비해 정밀도가 높고, 먼 거리까지 데이터의 변형 없이 전송이 가능하다는 장점을 가지고 있다. 아날로그의 복사가 '비슷한 것'이라면, 디지털의 복사는 '똑같은 것'이 된다.

디지털 콘텐츠는 크게 두 가지로 나누어 생각할 수 있는데 첫 번째는 아날로그 문화콘텐츠의 디지털화이고, 두 번째는 디지털만의 고유한 콘텐츠의 생성이다. 디지털 기술의 발전은 다양한 아날로그 문화콘텐츠를 디지털 콘텐츠로 새롭게 탄생시켰다. 여기서 디지털 콘텐츠란 아날로그 형태로 존재하던 정보나 문화 창작물 등의 콘텐츠를 디지털화시킨 것을 의미한다. 따라서 디지털 콘텐츠에는 기존 문화산업에 존재하였던 소리, 그림, 문자콘텐츠의 기반에서 출발한 다양한 콘텐츠를 디지털 기술로 변형한다면 출판, 영화, 방송, 사진 음악 등 광범위한 콘텐츠를 포괄할 수 있다.

또 다른 측면으로 디지털 콘텐츠는 디지털 기술을 기반으로 하여 새롭게 탄생한 디지털 콘텐츠 영역이 있다. 아날로그 세계에는 없는 디지털 기술을 바탕으로 한 디지털만의 콘텐츠를 의미하는 것으로 디지털 기술 개발 후에 새롭게 등장한 문화산업 영역이기도 하다. 예를 들어 바투(BATOO)라는 온라인 게임이 있는데, 이는 바둑을 새롭게 만든 게임이다. 기본 룰은 바둑과 동일하지만 게임의 핵심은 상대에게 보이지 않는 돌이다. 이 돌은 상대에게 보이지 않기 때문에 게임을 바꿀 수 있는 결정적 게임요소이다. 이러한 요소는 아날로그에서는 거의 불가능한 방법이다. 따라서 이런 게임은 디지털에서만 가능한 디지털 콘텐츠가 된다. 이와 같은 부분은 IT기술에 기반한 온라인 게임이나 이동통신 기술에 기반한 다양한 모바일 콘텐츠 등으로 확장되고 있다.

디지털 콘텐츠가 새로운 부가가치 산업으로 주목받는 주요한 이유는 바로 재화로서의 가치가 소멸되지 않은 상태로 수정과 복제가 가능하며 생산물의 재생산 비용이 매우 저렴하다는 것이다. 또한 도서나 방송과 같은 전통적인 매체를 통해 유통되던 콘텐츠들이 인터넷과 같은 새롭고 더욱 확장된 네트워크를 통해서 유통할 수 있게 되면서 콘텐츠에 대한 접근과 사용이 더욱 광범위해졌다는 점이다. 인터넷만 연결된다면 우리는 세계 어느 곳에 있더라도 네트워크상의 세계 각 국의 문화콘텐츠를 향유할 수 있게 되었다. 따라서 디지털 콘텐츠가 가지고 있는 가공의 편리함과 저렴한 유통가격, 시공간의 자유로움으로 인해 고부가가치를 창출할 수 있는 새로운 산업으로 주목받게 된 것이다.

디지털 기술의 발달로 등장한 인터넷과 디지털 미디어는 인간을 문화의 감상자나 관찰자 위치에서 직접적인 생산자 위치로 다시 바꾸었다. 매스미디어가 지배하던 사회에서 우리들은 드라마나 영화를 보고 향유하던 수동적 소비자이자 수용자였다. 그러나 인터넷과 휴대폰과 같은 새로운 디지털 미디어의 등장으로 커뮤니케이션 방식이나 학습, 오락 등 일상생활의 패턴과 스타일이 혁명적으로 바뀌게 되었다.

디지털 기술이 발전하면서 문화콘텐츠와 문화산업에는 근본적인 변화가 생기기 시작했다. 그 변화의 핵심은 기술의 융합과 대중과의 소통으로 볼 수 있다. 기술의 융합을 좀 더 구체적으로 살펴보면, 디지털 기술의 발달은 네트워크의 광대역화와 하드웨어의 지능화 등을 거치면서 콘텐츠와 단말기 그리고 네트워크의 융합을 추구하는 방향으로 변화하고 있음을 알 수 있다. 현재 디지털 콘텐츠의 발전방향을 살펴보면, 주요한 흐름으로 컨버전스(convergence)와 유비쿼터스(ubiquitos)를 꼽을 수 있다.

컨버전스는 융합(融合)을 의미한다. 이것은 여러 기술과 기능 또는 다양한

디지털 콘텐츠와 사이버 콘텐츠

현재 문화콘텐츠에서 디지털 기술의 발전으로 생겨나고 있는 콘텐츠를 통칭하여 '디지털 콘텐츠'라고 규정하고 있다. 현재 디지털 콘텐츠는 문화콘텐츠의 일부분으로 인식되어 별다른 논의가 없는데, 이러한 정의에 대해 조금 더 깊은 고민이 필요해 보인다.

현재의 규정대로라면 디지털 콘텐츠의 반대말은 '아날로그 콘텐츠'가 된다. 디지털 기술의 역사가 미천함에도 불구하고 수많은 영역에서 그 영역을 확장하고 있다. 조금만 더 기술이 발전하면 디지털의 영향력은 확장되어 아날로그 기술은 겨우 명맥만 유지될 것이다. 이런 상황이 되면 모두 디지털 콘텐츠라고 해야된다.

요즘 우리는 디지털 시계에 매우 익숙하다. 손목시계를 차고도 핸드폰으로 시간을 보는 광고처럼 디지털에 익숙해 있다. 그러면 디지털 시계는 '디지털 콘텐츠'인가. 같은 사진이라도 디지털 카메라로 찍으면 디지털 콘텐츠인가. 영화도 디지털 기술의 영향으로 점차 디지털화되고 있는데, 관객의 입장으로 볼 때 영화관에서 디지털 영화와 아날로그 영화를 보는데 무슨 차이가 나는가. 여기서 아날로그와 디지털은 단순한 기술의 차이 이외에 어떠한 특수성도 보여 주지 못한다. 만화도 책을 빌려보는 것과 인터넷으로 보는 것도 독자의 입장에서는 큰 차이가 없다. 디지털과 아날로그는 단순한 처리 기술의 차이일 뿐이다.

그럼에도 만화가는 자신의 창작품을 책으로 발간하는 것보다 인터넷에 연재하는 데 더욱 예민하다. 그것은 댓글 때문이다. 자신을 비판하는 악플, 악플보다 무섭다는 무플 등에 의해 영향을 받기도 한다. 그런데 이것은 디지털의 특성이 아니라 '사이버'의 특성이다. 따라서 우리는 기술적으로는 디지털 콘텐츠, 대중과의 관계에서는 사이버 콘텐츠라는 단어를 써야 하는 것 아닌가 한다.

대중의 입장에서 본다면 어떠한 콘텐츠가 기술적으로 어떻게 처리되느냐가 중요한 것이 아니라, 그것의 전달공간이 사이버냐 현실이냐의 차이가 더욱 중요할 수 있다. 익명으로 대표되는 사이버 공간의 자유는 현실세계와 다른 '또 다른 자아'를 만들어 내고 있다. 이용자는 필명 혹은 아바타를 분신으로 삼을 수 있다. 나이와 신분, 성별을 뛰어 넘는 교류는 현실세계와는 또 다른 만남, 교류, 논의의 공간이다. 사이버 공간의 반대말은 현실세계가 된다.

문화콘텐츠를 개발하는 데 있어 중요한 점 중의 하나가 대중에게 어떻게 전달할 것인가에 있다. 여기서 연극이나 콘서트 같은 현실세계에서 전달할 것인가. 아니면 컴퓨터를 통한 사이버 공간을 선택하느냐에 따라 창작과정부터 홍보까지 모든 것이 달라질 수밖에 없다. 여기에 디지털 기술을 부차적인 것이 된다.

문화콘텐츠의 성격이 디지털 기술을 사용했는가의 여부보다는 현실세계냐 사이버 공간이냐에 따라 성격과 파급력에 차이가 있다고 볼 수 있다. 사이버 공간에서 '또 다른 자아'를 만들어 내듯이, 사이버 공간의 삶도 또 하나의 삶이 된다. 예를 들어 게임에선 나이, 성별, 직업 등의 현실의 한계를 뛰어넘어 레벨 업이 최고의 가치가 된다. 심지어 게임 때문에 살인이 일어나는 극한 현상도 벌어진다. 디지털 기술의 발전과 상용화로 사이버 공간과 현실세계를 구분 못하는 현상이 벌어지고 있는 것이다. 이는 디지털의 특성이기보다는 사이버의 특성이다.

이와 같은 이유로 우리는 디지털 콘텐츠라는 단어와 더불어 사이버 콘텐츠라는 단어에 좀 더 주의를 가져야 하는 것 아닌가 한다. 물론 디지털 콘텐츠라는 단어를 폐기해야 한다는 것은 아니다. 다만 좀 더 명확한 기준을 만들어 상황에 따라 적절하게 논의해야 한다고 본다. 기술적 기준으로는 '디지털 콘텐츠'라는 단어를, 문화적 기준으로는 '사이버 콘텐츠'라는 단어를 쓰는 것이 보다 합리적이라고 본다.

요소들이 하나로 합쳐져서 새로운 가치와 기능을 갖게 되는 것을 의미한다. 디지털 기술의 발달로 미디어 영역에서 방송·통신·인터넷 등 '네트워크 융합'과 정보·가전·통신·컴퓨터와 같은 '단말기 융합'과 음성·데이터· 영상 등의 '정보 융합' 등을 의미하면서 널리 사용되고 있다. 문화콘텐츠 입장에서 컨버전스 사례를 살펴보면, 영화에서 컴퓨터그래픽(CG)과 디지털 장비 (HD)가 사용되어 실제 영상과 컴퓨터그래픽을 함께 활용하면서 전쟁 장면의 실재감을 강화하여 영화의 완성도를 높이고 있는 것 등을 들 수 있다. 또한 장르별로 구분되었던 콘텐츠들 사이에 상호작용이 일어나면서 영화, 게임, 애니메이션, 음악, 출판, 디자인, 광고 등 기존의 문화영역의 경계나 구분이 무의미한, 하나의 통합된 사업 영역 혹은 시장으로 변화하고 있다. 음악을 사례로 살펴보면 MTV의 발달과 함께 전통적인 노래 중심에서 영상과의 결합으로 춤, 패션, 스토리텔링 등 다양한 요소의 결합으로 변화하고 있는 것이 융합의 한 사례이다. 하드웨어 측면에서 네트워크의 융합도 주목할 만하다. 음성망과 방송망이 데이터망의 융합이 추진 중이며, 디지털 단말기 영역에서도 모바일과 TV, PC의 융합은 새로운 디지털 콘텐츠의 생산과 수요를 창출하는 중요한 요소로 등장하고 있다.

융합현상은 메디치 효과(Medici effect)로 설명할 수 있다. 메디치는 이탈리아의 거부 상인 가문인 메디치 가문을 지목하는 것으로 이들은 15세기 르네상스 시대에 음악·미술·철학가 등 여러 분야의 예술가와 학자들이 한자리에 모여서 공동 작업을 할 수 있도록 후원하였다. 결과적으로 창조적인 문화가 꽃피웠는데, 예를 들어 미술과 해부학의 만남 등으로 새로운 미술영역을 창조할 수 있었다. 이러한 효과에 주목한 프란스 요한슨(Frans Johansson)이 2005년 주장한 경영이론이다. 그는 서로 다른 수많은 생각들이 한곳에서 만나는 지점을 교차점(intersection)이라고 하고, 또 이 지점에서 혁신적인 아이디어가 폭발적으로 증가한다고 말한다. 다양한 영역과 상이한 문화, 그리고 다른 생각들이 함께 모이는 교차점에서 혁신적이고 창의적인 아이디어가 만들어진다는 것이다.

이러한 융합현상은 문화산업의 체계에도 커다란 변화를 가져오고 있다. 교육과 오락이 결합하여 '에듀테인먼트'가 등장하고, 과학과 예술이 결합하여 '디지털 아트'가 새로운 예술로 등장하고, 서커스와 연극이 결합하여 '쿼담'과 같은 공연콘텐츠가 나타나기도 한다. 우리나라에서 지금 쓰고 있는 이동통신 방식을 셀룰러(Cellular, CDMA, 코드분할다중접속)라고 하는데, 이것 역시 벌꿀의 집 모양에서 착안된 것이다. 생물학과 정보통신과의 융합을 보여 주는 사례라 할 수 있다. 이와 같은 융합현상은 단순한 물리적 합체인 결합 혹은 복합과는 달리 다른 종류의 것이 서로 녹아들어 구별할 수 없는 화학적 결합을 말한다. 융합현상으로 문화콘텐츠의 영역구분은 갈수록 모호해지고 있다. 2008년 초부터 미국에서는 전자책 단말기(e리더)가 본격적으로 팔리기 시작하더니 1년 만에 200만 대 이상 판매됐다. 세계 최대 인터넷 서점인 아마존이 만들어 1년 동안 50만 대를 판 전자책 단말기 '킨들'은 도서 1,500권을 저장할 수 있다고 한다. 킨들에서는 35만 권을 서비스할 준비가 되어있으며, 구글은 이미 전 세계 주요 도서관의 장서를 1,000만 권 넘게 스캔해 디지털화했고, 저작권이 해결된 도서를 전 세계 전자책 업체를 통해 판매할 예정이라고 한다. 2009년도에는 'E-Ink'를 이용한 6인치 디스플레이에 2GB의 내장 메모리에 아름다운 디자인과 무선 싱크 기능과 향상된 배터리 등으로 경제 전문지 비지니스위크(BusineeWeek)에서 2009년 최고 IT 장비로 선정되기도 했다.

출판을 살펴보면 최근 전자책이 등장하고, 텍스트를 읽어 주는 기능이 결합하기도 한다. 소리와 이미지로 처리된 도서를 우리는 출판산업으로 판단할 것인가, 혹은 영상산업으로 파악할 것인가? 아마도 디지털 기술이 더욱 발달한다면 현재 우리들이 가지고 있는 다양한 영역 개념은 존재 가치를 상실할지도 모른다.

유비쿼터스는 라틴어에서 유래한 말로 '언제나 어디에나 존재한다'는 뜻을 가지고 있다. 시간과 장소에 구애받지 않고 언제나 네트워크에 접속할 수 있는 통신 환경을 의미한다. 이 용어는 제록스 팰로앨토 연구소(PARC)의 마크 와이저(Mark Weiser)가 1988년 처음 제시한 '유비쿼터스 컴퓨팅'에서 유래된다. 유비쿼터스 컴퓨팅은 '5C'와 '5Any'를 지향한다.

5C는 컴퓨팅(Computing), 커뮤니케이션(Communication), 접속(Connectivity), 콘텐츠(Contents), 고요함(Calm)이고, 5Any는 다섯 가지(AnyTime : 시간, AnyWhere : 공간, AnyOne : 사람, AnyDevice : 사물, AnyThing : 기능) 요소가 하나되는 지능사회를 지향한다. 즉 컴퓨터 중심의 가상공간과 인간세계의 물리공간이 하나로 결합되고, 모든 인간과 사물이 실시간으로 정보를 유통하는 것을 의미한다. 이는 긍정적으로 인간 관리, 물류 유통 등에 획기적 효율성 재고를 가져올 수 있다. 그러나 다른 측면으로 결국 빅브라더의 사회, 즉 영국의 소설가 조지 오웰(George Orwell)의 『1984년』이 보여 주는

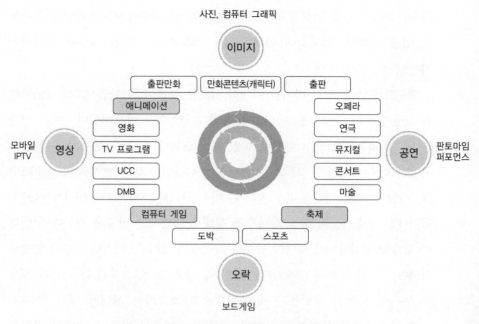

디지털 시대 문화콘텐츠 4대 분야(장르) 및 세부 분야

사회로 변모할 수 있는 측면이 있다. 인간의 모든 활동과 모든 소비유통의 정보가 특정인에게 집중될 수 있는 위험을 내포하고 있다. 물론 현재의 기술로는 불가능하지만 정보·통신·나노·생명공학 등의 기술이 고도화되면 일상생활의 면면을 통제할 수 있게 된다. 따라서 이러한 기술발전이 인간사회에 가져다 줄 영향에 대해 보다 면밀한 검토와 대응이 필요하다.

이러한 부정적 측면에도 불구하고 유비쿼터스 환경은 하나의 추세가 될 수밖에 없다. 그 효과와 효율의 극대화를 거부하기에는 너무나 달콤한 열매이기 때문이다. 예를 들어 대형 마트의 물품관리에 있어 재고, 유통, 인기 상품 등이 한순간에 이루어지고, 심지어 고객의 신분, 성향, 시간 등이 파악된다면 이를 거부할 경영자는 없을 것이다. 교육현장에서도 다양한 멀티미디어를 활용한 가상공간과 현실세계를 조합하여 교육이 이루어진다면 반대할 학부모도 없을 것이다. 이처럼 유비쿼터스는 시대를 바꿔 놓을 정도로 획기적인 기술임에는 분명하다.

대중과의 소통 역시 디지털 시대의 새로운 특징이다. 산업시대의 문화콘텐츠 소통방식은 주로 매스미디어를 통한 1 : 다수의 방식이었다. 이로 인해 문화 소비자는 수동적인 위치에 놓일 때가 많았다. 그러나 20세기 중반 이후 시작된 디지털 혁명과 컴퓨터 기술의 발전은 다양한 대화 방식을 가능케 하였다. 개인과 개인, 개인과 다수, 다수와 다수 사이의 대화가 가능해지게 되었다. 과거에는 방송사들이 불특정 다수를 상대로 일방적인 방송을 하였다면 현재는 쌍방향 멀티미디어 형태의 방송이 가능해진 것이다. 디지털 기술의 발달로 미디어 사이의 구분이 애매해지면서 문자, 영상, 음성, 그래픽 등 다양한 정보를 하나의 통합된 채널을 통해 쌍방향으로 소통하는 시대가 열린 것이다. 이제 개인으로서의 인간은 문화의 생산과 소비에서 단순한 수동적 위치를 벗어나 개인의 취향과 목적에 따라 콘텐츠를 선택할 수 있는 주체적 향유자의 위치로 전환될 수 있게 되었다.

미래 문화콘텐츠 예측

문화콘텐츠는 21세기의 미래 유망산업이 아니라 현시대의 주력산업으로 인정받을 것이다. 세계적인 흐름 역시 산업화와 정보화를 거쳐 정신과 문화, 예술을 강조하는 방향으로 변화하고 있다. 경제학의 기본 개념인 3대 생산요소였던 토지·노동·자본은 이제 부차적인 것이 되고 있다. 대신 새로운 지식경제 시대로 진입하면서 '지식'은 자원의 하나가 아니라 자원 그 자체가 되고 있다. "지식기반 경제에서는 산업패러다임이 산업생산(Industrial production)에서 문화생산(cultural production)으로 전환하고 있어 선진국을 비롯한 세계 여러 나라들은 문화산업을 국가 전략산업으로 설정하고 있다."[*]

미래 문화콘텐츠 역역에서는 생산자 중심에서 소비자 중심으로 힘의 이동이 일어날 것으로 예측된다. 이는 문화콘텐츠 생산자의 수와 작품량이 늘어나면서 다품종 대량생산이 가능하기 때문에 공급의 희소성이 줄어들고 소비자 사이에 다양한 사이버 커뮤니티 활동으로 정보를 공유하면서 발언권을 높여나가기 때문이다.

문화콘텐츠 분야를 크게 네 가지로 나눌 수 있지만, 향후 방향에 대해 예상해 보면 미래지향적 가치가 반영될 것으로 보인다. 이미 시시각각으로 이러한 요소들은 각 분야에 반영되고 있기도 하다. 소통, 참여, 학습이라는 3대 요소가 다양한 분야에서 필요성에 의해 자연스럽게 부각되고 부가될 것으로 보인다. 소통과 참여는 이질적인 요소라기보다는 동전의 양면처럼 하나의 분신과도 같다. 참여는 소통을 바탕으로 형성되며, 소통은 참여를 바탕으로 이루어진다. 그런데 소통의 확장으로 오히려 참여가 저조해지는 현상이 발현된다. 예를 들면 1980년대 사람들은 민주화를 요구하였는데, 이는 즉 권력과의 소통을 요구하였던 것이다. 그런데 소통이 일반화된 심각한 투표율에서 볼 수 있듯이

---

[*] 심상민. "창작과 놀이가 곧 생업이 되는 미래 문화산업". 『계간 사상』, 2004, 봄호, 128쪽.

어려운 한자를 게임을 통해 배우는 〈한자마루〉

오히려 참여가 부족해지고 있다. 그러나 이는 착시현상으로 사람들은 다양한 영역에서 소통하고 참여하고 있어서 하나로 집중되지 않아 그렇게 보이는 것이다. 온라인의 생활화로 사람들은 인터넷 연결 그 자체로 다양하게 참여하고 소통하고 있는 것이다.

기존의 문화콘텐츠가 공급자에 의해 일방적으로 제공되는 측면이었다면 앞으로는 참여와 소통, 그리고 학습으로 더해지게 될 것이다. 이 의미를 좀 더 살펴보면 다음과 같다. 이전에 공급자는 완성된 문화콘텐츠를 제공했다면 앞으로는 그 틀만을 제공하고 직접적인 내용은 소비자의 참여로 만들어지게 될 것이다. 이미 많은 게임이 그렇듯이 게임 회사가 기본적인 부분을 제공하지만 많은 부분을 소비자가 스스로 만들어 간다. 심지어 게임의 룰과 목적마저도 주도권을 지닌 것은 소비자이다. 예전과는 달리 운영자에게 활발한 의견을 개진하여 그 소통의 결과로 게임 자체를 바꿔 나가고 있는 것이다. 여기에 단순한 시간낭비라는 비난을 벗어나기 위해 학습적인 콘텐츠가 강조될 것이다.

이미 거론했던 '펀놀로지'(funnology)라는 단어처럼 교육도 이러한 추세를 수용하고 있다. 기존의 교육콘텐츠에 재미라는 요소를 추가한 에듀테인먼트는 에듀케이션(education)과 엔터테인먼트(entertainment)가 결합하여 만들어진

신조어다. 놀이의 과정에서 자연스럽게 지식을 습득할 수 있는 효과적인 교육 방법으로 기능성게임으로도 불린다. 우리나라 정부에서도 2012년까지 800억 원을 투자하여 에듀테인먼트산업을 지원할 것이라 한다. 현재 성공적으로 개발된 제품은 에듀플로가 개발하고 한게임에서 서비스 중인 〈한자마루〉이다. 이것은 몬스터의 몸에 한자가 새겨져 있고, 공격을 받으면 한자를 발음하는 형식으로 게임을 하는 아동들이 재미있게 한자를 배울 수 있도록 하고 있다. 이러한 가능성은 무궁무진하다. 예를 들어 카트라이더(넥슨)라는 게임은, 특히 초등학생을 중심으로 선풍적인 인기를 끌기도 했다. 이러한 게임에 일정한 3~4개의 관문을 설치하고 그 관문에 연령에 맞춰 한글, 한자, 영어단어 등을 걸어 놓아 맞는 답의 관문만 통과시킨다면 어린 학생들이 놀면서 자연스럽게 기초 한글, 한자 등급, 기초 영어단어 등을 익혀나갈 수 있을 것이다.

그러나 이러한 변화에 대해 꼭 명심해야 할 부분도 존재한다. 과유불급(過猶不及)이라는 말처럼 게임에 학습에 대한 요소가 지나치면 재미보다는 부담을 강조하는 결과를 초래할 수 있다. 이는 흥미를 잃게 만드는 결과를 초래하여 오히려 독이 될 수도 있다. 참여와 소통도 마찬가지다. 이는 문화콘텐츠 공급자가 주도권을 잃어버리는 결과를 초래하여 혼란, 무질서 등 여러 가지 문제점을 야기할 수 있다. 일득일실(一得一失)이라고, 한 가지 이로움이 있으면 한 가지 손해가 있는 법이다. 문화콘텐츠의 미래적 요소인 참여, 소통, 학습도 수많은 시행착오를 거쳐 미래의 문화콘텐츠로 다가오게 될 것이다. 여기서 미래 문화콘텐츠의 꽃이 될 것으로 보이는 게임과 축제에 대해 좀 더 알아보고자 한다.

현실적인 가상세계와 판타지적인 현실 : 대표적 미래 콘텐츠 게임과 축제

1) 게임 : 가상의 현실세계

문화콘텐츠의 또 하나의 장벽은 사회의 부정적인 인식이다. 열심히 일만 해야 한다는 산업화 시대의 사고관념이 뿌리 깊은 가운데, 노는 것은 무작정 나쁘다는 사고관념은 만화, 게임 등을 부정적으로 인식하게 하였다. 이러한 인식은 우리 사회에 뿌리 깊어 문화콘텐츠 전문가마저도 이에 동의하는 경우도 있을 정도다. 하지만 인류는 놀이와 함께 진화해 왔다는 것이 전문가들의 주된 의견이다.

예를 들어 네덜란드 출신의 역사학자 요한 호이징하(John Huizinga)는 그의 저서 『호모 루덴스: 놀이와 문화에 관한 한 연구』(*Homo Ludens, a study of the play element in culture*, 1938)에서 인간을 '호모 루덴스'(homo ludens, 놀이적 인간)라고 규정하면서 '놀이가 단순히 유치한 현상이거나 우리 삶의 변방에 자리 잡은 일종의 잉여 또는 보완물이 아니라 삶의 형식이고 사회구조 그 자체'라고 말한 바 있다. 즉 놀이가 문화의 한 부분이 아닌 문화 그 자체라고 해석했다. 게임의 의미도 재해석하여 우리가 생각한 이상의 것들이 게임 속에 담겨 있다고 주장했다. 호이징하는 게임을 단순히 재해석한 것이 아니라 게임에 신성함과 숭고함을 부여했다. 즉 신성함이나 숭고함과는 거리가 먼 여가시간의 유희 정도로 인식되었던 게임의 의미를 격상시켰다.

놀이의 역사는 인류 역사만큼이나 오래되었다. 특히 도박과 맞물려 꾸준히 존재했던 것으로 보인다. 『삼국지』를 영화화 한 〈적벽대전 2: 최후의 결전〉(2009)에는 군인들의 축구를 하는 신이 있다. 전투의 긴장감을 풀고, 체력도 증대할 수 있는 방법으로 소개되고 있는데, 이는 오우삼 감독이 중국 문화를 자랑하기 위한 장치 중의 하나이다. 축구의 발생지가 중국이라는 주장이 노골적으로 드러나 거부감을 주기도 하지만, 세계축구협회 피파(FIFA)는 2002년에 아시아축구연맹(AFC)의 피터 벨라판 사무총장을 통해 축구의 발상지가 중국이라고 공인했다. 여기서는 그 사실 여부를 떠나 놀이 자체에 주목해 보자. 기록에 따르면 중국에서는 이미 기원전 3세기 전부터 축구경기 결과를 놓고서 많은 관람객들이 내기를 걸 정도로 인기가 좋았다고 한다. 당시에도 놀이문화는 상당히 성숙해 있었음을 알 수 있다.

이처럼 놀이는 인류와 함께 발전해 왔지만 사회적 주목을 받게 된 것은 최근의 일이다. 물론 도박이 주목을 받았지만 그것은 별도의 영역으로 취급되어 왔다. 그러다가 최근 컴퓨터 게임의 규모가 커지고, 일상화되면서 더 이상 무시할 수 없는 존재가 되었다. 특히 인터넷이 활성화된 후에 등장한 온라인 게임은 그 파괴력이 증가하게 되면서 재평가를 내릴 수밖에 없게 되었다.

심심풀이 오락으로 여겨졌던 온라인 게임의 규모는 2008년 한국 시장만 따져도 5조 6,000억 원에 이른다. 2008년 수출 총액은 약 10억 6,000만 달러에 달한다. 전년도 대비 35%(7억 8,000만 달러) 성장했으며, 2010년에는 10억 달러, 2012년에는 36억 달러를 정부가 예상할 정도로 차세대 성장 동력으로 주목 받고 있다. 희망적인 것은 과거 주요 수출 대상이었던 중국, 동남아시아에서 온라인 인프라가 확장되면서 러시아, 중동, 남미 등으로 잠재적 수요가 확대된다는 점이다.

게임산업은 게임 형태에 따라 아케이드 게임(Arcade Game), 비디오 게임(Video Game), 피시 게임(PC Game), 모바일 게임(Mobile Game), 온라인 게임(On-line Game)으로 나눌 수 있다. 세계 게임 시장에서는 아케이드 게임과

비디오 게임 시장의 규모가 크지만, 우리나라가 강점을 가지고 있는 것은 온라인 게임 시장이다.

게임은 다시 장르별, 하드웨어적, 시각적으로 분류할 수 있다. 우선 장르별로 보면 RPG 게임, 어드벤처 게임, 시뮬레이션 게임, 리얼타임 액션 게임, 슈팅 게임, 퍼즐 게임, 스포츠 게임 등이 있다.

가상공간 내에서 게임을 진행하면서 주인공이 성장해 가며 역할 분담 방식으로 일정한 목적을 달성하는 테마 게임인 RPG 게임과 줄거리에 따라 사건이나 문제를 적절히 대처하고 해결해 나가면서 게임의 최종 목적지를 향해 가는 어드벤처 게임, 실제 상황을 재현하여 가상 체험을 할 수 있는 게임 형식의 시뮬레이션 게임, 어떠한 행위에 대하여 재빨리 반응해야 하는 리얼타임 액션 게임, 빠른 프레임과 많은 유닛을 화면에 배치하여 오브젝트 간에 빠르고 정확한 충돌 판정 등의 기술을 요하는 슈팅 게임, 휴대용 게임기나 PDA 등의 기기를 통해 이용할 수 있는 테트리스나 퍼즐보글과 같은 퍼즐 게임, 스포츠 선수로서 대리 체험하도록 해주는 스포츠 게임 등이 있다.

하드웨어적으로는 온라인 게임, 모바일 게임, PC 게임, 아케이드 게임, 콘솔 게임으로 나눌 수 있다. 온라인 게임은 온라인 상에서 클라이언트가 통신망을 통해 호스트 서버에 접속, 다수의 유저가 실시간(Real Time)으로 진행하는 게임을 말한다.

시점에 의한 분류로는 화면을 수평 방향으로 또는 수직으로 스크롤링하는 패닝 기법의 1차원 게임과, 흔히 이야기하는 2D(평면)의 2차원 게임, 3D(입체)의 3차원 게임으로 나뉜다.

아케이드 게임(arcade game)은 일명 오락실 게임으로 1980년대 '겔러그', 1990년대 '스트리트파이터', 2000년대 '바다이야기'가 크게 유행하였다. 현재는 성인용 게임으로도 많이 성장했고 PC를 이용한 게임이 등장하였는데, 게임

시장의 34%를 차지할 정도로 규모가 크다.

비디오 게임(video game)은 '플레이 스테이션'(play station)이나 '엑스박스'(X-Box) 등으로 대표되는 TV로 하는 게임을 말한다. 피시 게임(PC game)은 개인 컴퓨터로 하는 게임이지만 온라인이 아닌 유저 혼자서 즐기는 게임을 말한다. 인터넷이 활성화되기 직전에 인기를 끌었는데, 전체적으로 1990년대 중반까지는 KOEI 사의 '삼국지 시리즈', '대항해시대' 등 일본의 게임이 주류를 이루었으며 1990년대 중반 이후는 '스타크래프트'(StarCraft), '워크래프트'(WarCraft), '디아블로'(Diablo) 등 미국 게임이 선도하게 된다. 하지만 e-스포츠와 프로게이머를 만들어 낼 정도로 인기를 끌었던 스타크래프트의 선풍적인 인기가 무색하게 현재는 전체 시장에 1%에 불과할 정도로 사양화 추세에 있다.

모바일 게임(mobile game)은 한마디로 핸드폰 게임을 말하는데, '맞고', '마구마구' 등이 유행했으며 약 4,000억 규모로 성장세가 가파르다. 온라인 게임은 혼자서 컴퓨터와 대결하는 구도였던 PC 게임의 한계를 뛰어 넘어 수많은 유저가 실시간 대결 구도를 이루어 내며 흥미를 증진시킨 결과 등장하자마자 시장을 주도하게 된다.

대표적 게임으로는 '리니지', '월드 오브 워크래프트'(WOW) 등이 있으며 전체 시장의 50%를 차지하며 시장 규모는 약 3조 원대에 이른다. 온라인 게임 분야는 2004년 1조 원을 돌파한 후 두 자릿수 이상의 꾸준한 성장세를 보이고 있다.

컴퓨터 게임산업이 차세대 성장산업으로 주목을 받는 이유는 부가가치가 높고 제조업에 비해 영업이익률이 약 20배나 높기 때문이다. 예를 들어 LG전자의 경우 약 20조 매출에 영업이익이 약 1,500억 원인데 반해 게임산업은 1조 매출에 영업이익이 1,500억 원이다. 영화와 비교해도 부가가치가 높다.

또한 다른 문화콘텐츠에 비해서도 우수하다. 예를 들어 영화 〈괴물〉(감독 봉준호, 2006)의 경우 약 1,300만 명의 관객이 관람해 약 560억 원의 매출을 올렸으나 '리니지'의 경우 약 1,300만 명의 가입자가 약 1조 원의 매출을 올렸다.

온라인 게임의 대중화는 10여 년의 역사를 갖고 있다. 1996년 출시된 '바람의 나라'(넥슨)가 스타트를 했다면 1998년 오픈한 '리니지'(엔씨소프트)가 대중으로 침투해 일반화되었다. 이 두 게임은 한류에도 일조했는데, '게임 한류'를 퍼뜨린 리니지는 전 세계에서 30만 명이 동시에 접속할 정도로 유행하였다. 넥슨의 '바람의 나라'(미국명 넥서스)는 국산 게임 수출 1호로 1998년 미국에 수출되었다.

온라인 게임의 대중화가 되었다는 것은 비단 매출액이나 시장의 규모의 성장만을 의미하지는 않는다. 남녀노소 누구나 즐겼다는 의미이다. '고스톱'(한게임)은 '아줌마, 아저씨 파워'를 낳았고, 1,700만 명 회원을 둔 레이싱 게임 '카트라이더'(넥슨)는 남성 회원보다 여성 회원이 더 많고, 댄스게임 '오디션'(예당온라인)이나 대전게임 '포트리스'(CCR)는 1,000만 명이 넘는 회원수를 갖고 있고 있을 정도로 대중적으로 인기가 좋다. 뿐만 아니라 2001년에는 임요환 같은 1억 원 이상 연봉을 받는 프로게이머가 등장했고 e-스포츠 리그가 정식으로 출범했다.

이처럼 컴퓨터 게임 전반이 산업적으로 크게 성장하고는 있지만 부정적인 측면 또한 주의가 요구된다. 먼저 게임산업에 대한 사회적 거부감을 둘 수 있다. 산업적 성과와는 달리 게임에 대한 사회 전반에 뿌리내린 부정적인 인식은 여전하다. 게임 중 돌연사 등의 부정적 부분이 크게 부각되면서 게임에 몰입하는 층을 오다쿠(おたく)나 페인으로 취급하거나 청소년 비행이나 폭력과 연관 짓는 경우도 많고 2006년 사회적인 물의를 일으킨 '바다이야기'처럼 사행성 게임으로 인식하기도 한다.

사회적으로 부정적인 인식뿐만 아니라 글로벌 경쟁도 심화되고 있다. IMF 금융위기 이후 우리나라 게임업체가 주춤하는 사이 해외 자본 및 세계적인 기업의 한국 진출과 한국 기업 인수가 이루어지면서, 시장 주도권이나 기술, 운영 노하우 등의 유출 또한 우려된다. 블리자드 엔터테인먼트(Blizzard Entertainment)의 직접 서비스, 일본 소프트 뱅크의 그라비티 인수(4,000억 원), 중국 산다(盛多)의 액토즈 소프트 인수(1,000억 원), 디즈니, 코나미, 경호(Gung Ho), 감마니아, 더 나인, MS 등의 해외 자본의 유입은 주의 깊게 살펴볼 필요가 있다.

우리나라의 게임산업은 이러한 부정적인 인식과 글로벌 경쟁을 딛고 일어서야 한다. 2008년 한국문화콘텐츠진흥원은 미국 샌프란시스코에서 열린 GDC(Game Developer Conference)의 2008년 동향을 그래픽·기획·프로그래밍 등 분야별로 나눠 'GDC 2008 기술동향'을 발표했는데 주목할 만하다.

세 가지로 압축하면, 첫째로 게임개발팀의 규모가 줄어들고 있다. 적은 인력, 최소 비용으로 지금보다 진보하거나 독특한 게임을 만들려는 변화의 흐름은 계속될 것이다.

둘째로 인디게임이 주목받기 시작했다. 예를 들면 MS가 X-Box 360을 통해 게임계의 무료 동영상 공유 사이트인 유튜브(YouTube)를 만들려는 시도인데, X-Box는 인디게임의 퍼블리싱으로 새로운 수익구조를 열어가겠다는 의도이다.

마지막으로 인공지능을 도입한 게임들이 선보이기 시작했다. 콘텐츠에 인공지능을 탑재하고 사람들과의 상호과정을 통해 콘텐츠를 완성해 나가겠다는 방식으로 앞으로 10년 동안 눈부시게 발전이 예상된다는 취지이다. 한국문화콘텐츠진흥원의 발표가 아니어도 세계적인 추세와 국내의 게임산업의 흐름은 급속하게 변화하고 있다.

예를 들어 3D 기술의 활용이다. 3D 기술을 구현한 웹 SNS(Social Networking Service) 서비스들이 상용화되면서 싸이월드 미니홈피도 3D로 변화하고 구글은 이미 '라이블리'를 발표했다. 사이버라이프가 주목받는 3D 공간은 웹 전체로 확대되면서 게임도 이에 맞춰 진화하게 될 것이다.

2007년 세계 게임시장은 993억 달러를 기록했으며 2009년에는 1,164억 달러로 예상된다. 전 세계 회원수가 3억 명이며 동시 접속자가 100만 명에 이르는 황금알을 낳는 거위이다. 한국의 컴퓨터(서버) 기술을 세계 최강으로 이를 기반으로 10년 전 직원 20명에 시작해 현재 시가 총액 1조 원을 넘나들며 3,000명을 둔 글로벌 게임회사로 성장한 제2, 제3의 엔씨소프트를 만드는 것은 우리의 몫일 것이다.

2) 축제 : 일상의 탈출을 꿈꾸는 참여콘텐츠

디지털 시대는 현실보다 더욱 실감나는 가상세계인 사이버 문화콘텐츠의 발전을 요구한다. 동시에 일상의 삶과 더욱 밀착되어 있으면서도 판타지와 같은 꿈의 경험을 줄 수 있는 축제를 중요한 콘텐츠로 부각시키고 있다. 축제에 대한 관심은 관광수익 창출이라는 협소한 관점보다 소통과 참여라는 미래의 문화콘텐츠 정신이라는 점에서 더욱 주목을 받고 있다.

세계적으로 다양한 축제가 있지만 모든 것을 살펴볼 수 없기 때문에, 세계 3대 축제로 언급되는 브라질의 '리우 카니발'과 독일의 '옥토버페스트', 그리고 일본의 '눈꽃 축제'(雪祭, 유키마츠리)를 간단하게 살펴보자.

매년 부활절을 7주 앞두고 열리는 브라질의 리우카니발은 폭발적인 열기와 진행방식의 다채로움으로 세계의 관심과 흥분을 이끌어 내는 이른바 세계 최고의 축제이다. 이 축제는 17세기 포르투갈이 점령한 브라질 북동부 바이아

브라질 리우 카니발

세계 최대의 맥주 축제인 뮌헨의 옥토버페스트

지방에 도입된 포르투갈의 엔트루두(entrudo, 사육제)에서 출발하였다고 한다. 사람들은 거리로 뛰어나와 서로에게 진흙을 던지거나 오물을 끼얹고 밀가루를 반죽하여 만든 공을 던지는 등 한바탕 소란을 피우던 이 전통은 식민시대와 이후 군주시대에 걸쳐 계속 이어졌다. 또한 사탕수수산업이 융성하면서 아프리카에서 브라질에 팔려온 흑인노예가 전한 바투케(batuque)와 같은 아프리카 기원의 갖가지 음악과 춤이 유입되었다. 이 축제는 1848년 거리의 한 젊은 포르투갈인 구두닦이 조세 노기에리 파레데스(Jose Nogueira Paredes)가 커다란 베이스드럼을 치면서 카니발 퍼레이드에 참가하면서 이후 수많은 축제 참가자들이 드럼을 치고 노래를 부르며 거리를 메우기 시작하였다.

독일의 '옥토버페스트'는 '10월의 축제'라는 뜻으로, 뮌헨에서 열리는 맥주축제이다. 그 기원은 1810년 황태자 루트비히와 작센의 테레사 공주와의 결혼식을 축복했던 축하 행사에서 비롯되었다. 그 이후로 매년 민속의상을 입은 퍼레이드와 기사들의 경마대회를 재현하고 있다. 이 축제는 독일 최대의 행사로 해마다 500만 명의 사람들이 운집하며, 축제기간 동안 소비되는 맥주는 400만 잔, 닭은 65만 마리, 소시지 110만 개가 소비된다고 한다. 축제장에는 5,000명을 수용할 수 있는 거대한 천막이 여러 개 설치되며 민속의상을 입은 악단이 연주를 하고 테이블 쪽에서는 서로 맥주를 마시며 다함께 노래를 부르기도 한다.

일본의 전통적인 마쯔리와 함께 대표적인 것이 바로 눈과 얼음의 고장인 홋카이도(北海道) 삿포로(禮幌) 시에서 열리는 눈꽃축제(雪祭)이다. 1950년 지역 중고등 학생들의 지역행사로 시작한 이 눈축제에는 세계 각국의 유명인들의 눈조각을 감상할 수 있으며 그 밖에 음악회, 패션쇼, 스키쇼, 레이저쇼, 노래자랑을 비롯하여 인기 있는 눈의 여왕 선발대회 등 다양한 행사가 펼쳐진다. 2009년 60회를 맞이한 눈꽃축제에 사용된 눈은 5톤 트럭으로 약 6,500대

삿포로 눈꽃축제

분이며, 2008년 관람객 수는 215만 9,000명이라고 한다. 새로운 지역 축제가 형성된 이유는 고도경제성장 시대를 맞이하면서 젊은 노동력의 유출로 지역 사회가 침체하자 이를 극복하기 위한 방안으로 대두되었기 때문이다. 이에 따라 지역 활성화 정책으로 마츠리를 열게 되는데, 유키마츠리는 그 성공적인 예이다. 이제는 일본의 지역 축제를 뛰어넘어 겨울이면 매년 200만 명이 넘는 관광객이 삿포로를 찾도록 하고 있다.

우리나라에서도 최근 들어 지방문화의 발전과 지방문화의 산업적 가치를 새롭게 인식하면서 많은 지역에서 다양한 축제가 재현되거나 혹은 다시 만들어지고 있다.

서울에서는 무형문화재로 지정된 종묘제례악과 '선농제향'(서울시 동대문구) 같은 행사를 재현하고 있다. 또한 수문장교대식은 전통의상을 복원하여 창덕

궁과 덕수궁 앞에서 근무교대식을 연출하고 가두행진을 하는 등 다양한 전통문화의 볼거리가 연출되었다. 이런 행사는 국내외 관광객에게 전통문화를 보여 준다는 점에서는 참신한 것으로 받아들여지고 있다. 다만 보여 주기 중심의 일과성 행사라는 비판을 받고 있기도 하다.

대표적인 지방 축제로는 강릉단오제를 꼽을 수 있다. 현재 강릉단오제는 강릉시에서 주관하는 현대적 축제로 발전하고 있으나 그 원류는 조선시대 당시 관에서 주관하고 민중들이 참여한 읍치성황제의 하나였다. 읍치성황제는 호장을 중심으로 이속들이 조직하고 무속신앙을 믿는 민중들이 함께 하던 조선조 축제의 원형으로 현재 강릉단오제만이 그 본래의 모습을 온전히 보존하고 있다.

강릉단오제는 유네스코(UNESCO)에서 2005년 11월 '인류구전 및 무형유산 걸작'으로 선정되었다. '인류구전 및 무형유산 걸작'은 유네스코에서 2001년부터 시작한 사업으로 무형유산이 인류역사의 소중한 자산임을 인식하고 구전 및 무형문화재의 중요성을 국제적으로 확산시키고, 동시에 무형문화재들의 보존과 재생에 관한 즉각적인 방안을 마련하기 위해 실행하고 있다. 2009년 현재까지 유네스코의 인류구전 및 무형유산 걸작에 선정된 우리나라 문화로는 강릉단오제와 함께 종묘제례(宗廟祭禮)와 종묘제례악(宗廟祭禮樂), 판소리가 있다.

이외에도 국가나 지방자치단체의 예산과 무관하게 주민의 자발적인 참여로 진행되는 마을굿 형식의 축제가 여전히 존재하고 있다. 전국 곳곳에서 마을굿이 열리고 장승제, 줄다리기 등이 함께 열려 우리의 전통문화를 유지하고 있다. 2007년 〈한국 축제연감〉에 따르면 현재 열리고 있는 지역축제는 모두 974개이다. 이를 지역적으로 살펴보면 다음 그림과 같다.

일제에 의해 전통문화가 훼손되고, 전쟁의 참사에 방향을 잃고, 새마을

경기도
100

인천광역시
21

강원도
121

서울특별시
48

충청북도
61

충청남도
72

대전광역시
10

경상북도
65

전라북도
33

대구광역시
24

울산광역시
19

광주광역시
15

경상남도
86

부산광역시
56

전라남도
61

제주특별자치도
50

2007년도 한국 축제 현황

운동 등으로 전통문화가 대부분 파괴된 이후, 산업화로 지방문화는 서서히 사라지기 시작했다. 이러한 흐름 속에서 지방문화의 다양성을 보전하면서 현대적 변용을 고민하기보다는 서구적인 문화를 무조건 따라하려는 왜곡된 사고로 우리 전통문화의 뿌리를 스스로 잘라버리는 일들이 벌어졌다. 특히 군사독재 시절의 영향으로 군사문화가 사회에 일반화되면서 다양성을 속성으로 하는 지방문화가 단순화되기 시작하였다. 문화의 다양성과 대중의 참여를 통한 문화향유보다는 속도만을 강조하는 '빨리 빨리'와 '수출과 국가경제 건설'이라는 가치관의 영향으로 다양한 지역축제들은 지역주민들이 스스로 주인으로 즐길 수 있는 문화보다는 관에 의해 열린 축제를 관람하는 수동적인 모습으로 변해갔다. 현재에도 지방정부에서는 다양한 지역축제들을 고민하고 선보이고 있지만, 문화에 대한 근본적인 인식이 변하지 않는다면 우리 문화의 토양과 같은 지방축제가 활성화되기는 쉽지 않을 것이다. 우리가 더 주목해야 하는 축제 형식은 구민축제나 주민한마당과 같은 생활형 축제이다. 비록 많은 지역행사가 아직도 관주도로 진행되어 지역주민과의 공감대 형성이 부족하고, 천편일률적인 축제내용으로 비판받고 있지만, 실생활과 밀접하게 연관된 주민이 주체가 되는 현대적인 축제로 발전한다면 매우 소중한 문화자산이 될 것이다.

||| 더 읽어야 할 책 ||||||||||||||||||||||||||||||||||||||||||||||||||||||||||||||

『미래혁명』

신지은 외 3인 지음, 일송북, 2007

'미래는 기회를 잡는 사람이 주도한다'라고 『메가트랜드』의 저자 존 나이스빗이 말했던가? 이 책은 세계적인 미래학자 10명에게 주제별로 인터뷰한 내용을 정리한 책이다. 그 중 '5장 문화와 꿈을 생산하는 시대 드림 소사이어티'는 주목할 만하다. 짐 데이토와 인터뷰를 엮은 이 장에서 2020년의 미래에는 꿈과 감성이 매출을 좌우하는 드림 소사이어티 시대가 열린다고 예견하고 있다. 즉 다가올 미래에는 더 이상 상품만을 판매하는 것이 아니라 이미지와 스토리 그리고 꿈을 판매하는 것이다. 문화콘텐츠는 지향하는 핵심은 이미지, 스토리, 꿈은 아닐까?

『창조적 전환』

한국경제신문, 삼성경제연구소 공동 지음, 삼성경제연구소, 2008

기업의 생존전략으로 혁신이나 창조라는 말은 이제 진부한 느낌마저 든다. 하지만 이 책은 제목에서 알 수 있듯이 또다시 창조적인 전환을 주문하고 있다.

문화를 팔아 영혼을 얻은 할리 데이비슨이나 다섯 살부터 아흔다섯 살까지 오직 재미로 승부하는 닌텐도, 당당히 디자인의 제값을 요구하는 오디오 기기업체 뱅앤올룹슨에 이르기까지 이 책의 '6장 감성에 호소하라'에서는 성공한 문화상품의 예를 들어 초경쟁 시대, 끝까지 살아남는 기업의 비밀이 무엇인지 제시하고 있다.

『글로컬문화콘텐츠 어떻게 그리고 왜』

박치완 외 지음, 한국외국어대학교출판부, 2009

이 책은 영화, 패션, 비보이, 광고, 인터넷 등 대중문화와 디지털 문화를 흥미롭게 다루고 있다. 더불어 문화콘텐츠학과 글로컬문화와 같이 '글로컬'에 대한 알레고리를 진지하게 다루고 있다. 다양한 주제를 글로컬과 글로벌라이제이션이라는 주제로 처음부터 끝까지 하나의 힘으로 이끌어가는 점은 이 책이 갖고 있는 강점이다. 비보이, 웹 사이트, 맥도날드, 할리우드와 같은 21세기 문화콘텐츠를 연구하는 데 좋은 가이드라인을 제시해 준다.

마무리하며

세상은 빠르게 '有'에서 '無'로 바뀌고 있다. 산업시대는 막을 내리고, 문화시대가 막을 연지 오래다. 이는 단순히 막연한 흐름이 아니고 현실적이고, 경제적인 문제이다. 단순한 제품이 아닌 고객에게 꿈과 감성을 파는 시대로 문화가 주목받는 이유는 여기에 있다. 문화를 직접 판매하거나 기존의 제품에 문화적 색채를 입혀야만 시대적 변화에 적응할 수 있다. 미래학자 들의 말을 빌려보면 문화와 문화콘텐츠의 중요성을 알 수 있다.

『드림 소사이어티』(*The Dream Society*)라는 저서로 잘 알려진 롤프 엔센(Rolf Jensen)은 "GNP 1만 1,000달러가 넘는 국가는 30여 개 국가인데 이들 부유국가에서 나타나는 소비트렌드가 꿈과 감성을 중시하는 드림 소사이어티"라고 정의하고 있다. 또 하와이대학교 미래예측연구소 소장 짐 데이터(Jim Dator)는 "석탄이나 석유가 아니라 상상력과 이미지(story)가 생산자원이 된다. 모든 상품은 이야기와 이벤트가 첨가될 때 가치를 갖게 될 것이다."라고 말한다.

꿈과 감성이든, 상상력과 이미지(story)이든 구체적인 실체가 없는 무형의 뭔가를 말한다. 우리는 이를 포괄하여 문화라고 부른다. 이러한 변화는 사회를 근본적으로 바꾸고 있다. 세상은 이미 제품을 파는 것이 아니라 문화를 팔고 있다. 라면을 먹고 더 비싼 커피를 마시듯, 산업사회(굴뚝산업)는 빠르게 문화사회(문화산업)로 변화하고 있다. 이를 창조사회나 감성사회라고 평가하지만 그 핵심은 물질적 만족의 한계에 따른 정신적 만족이라는 방향으로 나아가고 있는 것이다.

문화를 산업에 연결시키는 작업을 문화콘텐츠라고 한다. 추상적 문화를 소비자가 수용할 수 있도록 구체적인 문화로 만들어 주는 역할을 담당한다. 세부적으로 보면 문화콘텐츠는 전혀 다른 이질적인 요소의 결합으로 이루어진다. 문화원형, 기술, 경영이라는 세 가지 요소가 엇섞인 모습으로, 기존의 학문이나 산업과는 전혀 다른 모습을 보여 주고 있다. 문화원형은 연구 개발 작업으로 새로운 문화원형을 발굴하거나 기존의 문화원형을 재창조하여 소비자에게 제공한다. 기술은 다양한 작업으로 문화콘텐츠를 소비자에게 제공하는 실질적인 작업을 담당한다. 특히 시대적 흐름에 맞춰 디지털 기술이 주목받고 있다. 경영은 문화가 소비자에게 전달될 수 있도록 경제적 부분을 담당하는 모든 분야이다. 이러한 문화콘텐츠의 폭은 기존의 학계, 현장기술, 기업이라는 사회의 거의 모든 분야를 동시에 담고 있다. 따라서 문화콘텐츠의 기본 키워드는 조화와 협력이다. 그 성격상 집단작업이 기본이기 때문에 다양하고 이질적인 요소의 원활한 소통과 결합은 필수적이다.

문화콘텐츠의 등장은 사회가 근본적으로 변화하고 있다는 증거이다. 시대적·사회적 변화로 생겨난 문화콘텐츠가 새로운 영역인 것처럼, 문화콘텐츠는 기존의 사고방식을 뛰어넘는 새로운 길을 가야 한다. 이에 따라 다양한 장애물이 존재하며, 이를 뛰어넘기 위한 다양한 시도가 필요하다. 이러한 시도는 일종의 모험이며, 언제나 성공하는 것은 아니다. 그럼에도 수많은 삼류 작가처럼 실패를 두려워하지 않는 시도가 문화콘텐츠의 토양을 풍성하게 할 것이다. 여기에 일조하고자 미흡하지만 이 결과물을 남긴다.

참고문헌

권용선. 『이성은 신화다, 계몽의 변증법』. 그린비, 2003.

김창남. 『대중문화의 이해』. 한울아카데미, 2003.

김탁환. "고소설과 이야기문학의 미래". 『고소설연구』 제17집. 한국고소설학회, 2004. 6, 5-28쪽.

김평수 외. 『문화콘텐츠 산업론』. 커뮤니케이션북스, 2007.

루이스 캐럴 지음, 김석희 옮김. 『거울 나라의 앨리스』. 웅진주니어, 2008.

마테이 칼리니스쿠 지음, 이영욱 옮김. 『모더니티의 다섯 얼굴』. 시각과언어, 1993.

막스 호르크하이머·테오도르 아도르노 지음, 김유동 옮김. 『계몽의 변증법』. 문학과지성사, 2001.

박치완 외. 『글로컬문화콘텐츠 어떻게 그리고 왜』. 한국외국어대학교출판부, 2009.

숀탠. 『도착』. 사계절, 2008.

신지은 외. 『미래혁명』. 일송북, 2007.

아르놀트 하우저 지음, 반성완 옮김. 『문학과 예술의 사회사 1~4』. 창작과비평사, 1999.

앨빈 토플러 지음, 원창엽 옮김. 『제3의 물결』. 홍신문화사, 2006.

에드워드 윌슨 지음, 최재천 옮김. 『통섭: 지식의 대통합』. 사이언스북스, 2005.

이기상. 『콘텐츠와 문화철학: 문화의 발전단계와 콘텐츠』. 북코리아, 2009.

존 스토리 지음, 박만준 옮김. 『대중문화와 문화연구』. 경문사, 2006.

최연구. 『문화콘텐츠란 무엇인가』. 살림출판사, 2006.

켄 벨슨 외 지음, 윤희기 옮김. 『Hello Kitty 감성마케팅 전략』. 문운당, 2006.

클로테르 라파이유 지음, 김상철 옮김. 『컬처코드』. 리더스북, 2007.

한국경제신문·삼성경제연구소 지음. 『창조적 전환』. 삼성경제연구소, 2008.

한비야. 『한비야의 중국 견문록』. 푸른숲, 2006.

〈2007년 한국 축제연감〉. 데이코 D&S, 진한엠앤비.

〈2008년 문화산업백서〉. 문화체육관광부, 2009.

〈2008년 문화산업통계〉. 문화체육관광부, 2009.

〈2008년 OECD 통계연보〉. 기획재정부, 2009.

CT뉴스 ctnews.kocca.or.kr

MBC 〈W 스페셜, 희망을 만드는 사람들〉 www.imbc.com

STX www.stx.co.kr

경향신문 www.khan.co.kr

국제노동기구 htwww.ilo.org

문화체육관광부 www.mcst.go.kr

위키백과 한국어판 ko.wikipedia.org

유네스코한국위원회 www.unesco.or.kr

한국음원제작자협회 www.kapp.or.kr

저자소개

송원찬_북경대학교 중국문학박사, 한양대학교 교육전담 교수
중국 고전산문 전문가로 개별 작품보다 문화 전반의 시스템에 집중하고 있다. 거시적 관점에서 고대의 문화 시스템이 어떻게 작용했으며, 또 어떻게 현대에 변용될 수 있는지에 대해 연구를 진행하고 있다.

신병철_고려대학교 중국문학박사
중국 고전소설 전문가로 18세기 동아시아 문화연구에 집중하고 있다. 특히, 중국의 판타지적인 작품의 기원과 형성에 관심을 가지고 있으며, 이러한 고전의 현대적 접목을 연구하고 있다.

안창현_한양대학교 문화콘텐츠학 박사과정
북경사범대학교에서 중국 현대문학으로 박사과정을 수료하고, 현재 문화콘텐츠 중에서 특히 중국 문화콘텐츠에 집중하고 있다. 한·중 문화교류와 한류(韓流) 및 화류(華流)의 형성과 미래에 관심을 가지고 연구를 진행하고 있다.

이건웅_한국외국어대학교 글로벌문화콘텐츠학 박사수료
출판학으로 석사과정을 마쳤으며, 현재 콘텐츠의 보고인 출판사를 운영 중에 있다. 중국 콘텐츠, 전자출판과 저작권에 관심이 많고 문화콘텐츠의 산업적인 관점에서 이론을 접목하는 데 관심을 갖고 연구 중이다.

21세기에 접어들어 문화가 주목받고 있다. 문화는 삶의 표현이자, 배설물이자, 삶 그 자체이다. 우리는 다양한 문화를 만들며 접하며 살아간다. 문화는 인류의 역사와 함께 했다. 이처럼 새로울 것 없는 문화가 주목받은 이유는 무엇일까? 그리고 왜 문화 자체가 아니라 문화콘텐츠라는 단어가 등장하여 문화의 위치를 대신하고 있는 것일까?

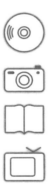

값 12,000원

93300

9 788963 240671

ISBN 978-89-6324-067-1